Platone
Apologia di Socrate

In appendice:

Senofonte
Apologia di Socrate ai giudici

A cura di
Salvatore Primiceri

Traduzione di
Emidio Martini

LIBRI DELL'ARCO
RIMINI

Finito di stampare nel mese di agosto 2023
presso Rotomail Italia Spa – Vignate (MI)
per conto di Libri dell'Arco - Rimini
Prima Edizione
ISBN 979-12-80625-83-0
www.libridellarco.it

INDICE

In memoria di Emidio Martini[1]

Nota dell'editore alla nuova edizione dei
Dialoghi di Platone

Nel percorso di ricerca qualitativa che caratterizza le proposte editoriali di Libri dell'Arco non poteva mancare la pubblicazione dei "*Dialoghi Socratici*" di Platone, per molti e non a torto considerato il più grande e influente filosofo di ogni tempo. Ma il segno distintivo di questa riedizione, suddivisa in vari e autonomi volumi, per il quale riteniamo necessario spendere alcune parole, riguarda l'opera del traduttore. Abbiamo, infatti, scelto di riproporre le traduzioni di Emidio Martini, eminente filologo e grecista nato a Napoli il 9 novembre 1852 e ivi spentosi il 1° febbraio 1940. Le motivazioni di tale scelta sono molteplici, prima fra tutte l'eleganza stilistica, la chiarezza e la accuratezza delle traduzioni, le quali permangono ancora oggi un punto di riferimento importante sia per studenti e appassionati che per studiosi accademici. In secondo luogo, Emidio Martini è stato un protagonista culturale di indubbie qualità morali, a cui vale certamente la pena rendere memoria e

---

[1] Le notizie biografiche su Emidio Martini sono state tratte dall'introduzione di Domenico Bassi apparsa in Platone, *La Repubblica*, Paravia, Torino 1940; e dall'introduzione di Giuseppe Pugliese Carratelli apparsa in Platone, *Tutte le opere*, Sansoni, Firenze 1989.

onore. Il suo amico e collaboratore Domenico Bassi non esitò a definire Martini *"un uomo vissuto di umanesimo e di bontà, di nobili e liberali sentimenti, di grande onestà, di insuperabile rettitudine"*.

Laureato in giurisprudenza e in lettere presso l'Università di Napoli, dove ebbe come maestri Luigi Settembrini e Francesco De Sanctis, Emidio Martini si perfezionò in greco e in paleografia presso l'Istituto di Studi Superiori di Firenze, allievo di Domenico Comparetti. Entrato per tempo nella carriera delle Biblioteche, giunse ben presto meritatamente al grado più alto. Successivamente fu prefetto della Biblioteca Nazionale di Palermo, della Nazionale di Milano (Braidense), della Universitaria e della Nazionale di Napoli. Delle quattro Biblioteche si rese benemerito in sommo grado per l'opera sempre fattiva, illuminata, sagace e per il suo altissimo senso del dovere. Fu più volte membro della Giunta consultiva delle Biblioteche. Dal 1920 al 1923, quando per i limiti di età e di servizio venne collocato a riposo, coprì la carica di sopraintendente bibliotecario per la Campania e la Calabria, e nel 1929 fu nominato ispettore onorario bibliografico per il Comune di Napoli. Libero docente in paleografia greca, ebbe nel 1914 l'offerta di una cattedra, da istituirsi ex-novo, di questa materia, all'Università di Napoli, ma non l'accettò, non volendo lasciare la Biblioteca. Era socio ordinario residente della R. Accademia di

Archeologia, Lettere e Belle Arti di Napoli, della quale fu anche Presidente, membro della Pontaniana e socio corrispondente del R. Istituto Lombardo di Scienze e Lettere. Cavaliere Ufficiale dell'Ordine dei SS. Maurizio e Lazzaro e Grand'Ufficiale dell'Ordine della Corona d'Italia. Durante il periodo di riposo tradusse tutti i dialoghi platonici tranne *Le Leggi* e la raccolta delle *Lettere*, per i quali non fece in tempo. *La Repubblica* venne pubblicata postuma curata da Bassi.

Eccellente grecista e valentissimo paleografo, conosceva a perfezione anche la letteratura bizantina. Pubblicò carmi inediti del poeta bizantino del secolo XIV Manuel File, in una edizione critica lodatissima anche in Germania, e in note accademiche e in miscellanee in onore di vari dotti, buoni studi intorno ad altri scrittori bizantini. Descrisse i manoscritti greci esistenti nelle Biblioteche della Lombardia, dell'Emilia, della Liguria, nella Nazionale di Palermo, nella Biblioteca dei Gerolamini di Napoli, nella Vallicelliana di Roma, in tre volumi (1893-1902), valendosi della collaborazione del buon e amico di vecchia data Domenico Bassi. Insieme descrissero, in dieci anni di lavoro ininterrotto, i codici greci, ben 1093, della Biblioteca Ambrosiana di Milano. Si tratta del celebre *Catalogus Codicum Graecorum Bibliothecae Ambrosianae*, che fu premiato dall'Accademia dei Lincei col premio reale per la filologia nel 1910. Sempre insieme a Bassi, Martini collaborò al *Catalogus Codicum*

Astrologorum Graecorum del Cumont e al *Catalogue des Manuscrits Alchimiques Grecs*, del Bidez, del Cumont e di altri. Martini e Bassi tradussero, con loro aggiunte, anche il *Vocabolario greco-tedesco* del Gemoll, Curarono, inoltre, nuove edizioni sempre arricchite, della *Letteratura Greca* di Vigilio Inama.

Il suo carattere morale fu pari all'ingegno e alla dottrina; e come il filologo e paleografo sottile e rigoroso si sia volto a Platone si spiega bene con quel che ha scritto Benedetto Croce, a lui legato da antica amicizia, nella prefazione ad un altro imprevedibile saggio dell'intellettuale finezza del Martini, la traduzione in versi del *Giulio Cesare* di Shakespeare (pubblicata postuma nel 1941): "*Parco nel suo dire, schivo di esterne manifestazioni, egli in mezzo alle guerre e alle rivoluzioni dei giorni nostri ardeva di passione per le sorti civili dell'umana società*". Lo storico napoletano Giuseppe Pugliese Carratelli, scomparso nel 2010, già curò nel 1974, una raccolta di tutti i dialoghi tradotti da Emidio Martini e motivò così la sua scelta: "Chi scrive ha letto la versione martiniana dei dialoghi platonici per indicazione di Benedetto Croce; e per averla riconosciuta di esemplare attenzione e singolare limpidezza , e degna dell'originale, ne ha suggerito la stampa ed ora è grato all'Editore per l'adesione alla proposta, e certo che non meno grati saranno i lettori".

Siamo pertanto convinti che lo stesso spirito che indusse a suo tempo Carratelli a riproporre i dialoghi platonici tradotti da Martini, possa essere da noi umilmente rinnovato attraverso la pubblicazione della presente collezione inserita nella collana "Gli Archetti" di Libri dell'Arco. Tale opera di recupero e rinnovazione vuole quindi significare sì un omaggio a Platone e all'immensità e contemporaneità del suo pensiero, ma anche (e soprattutto) un doveroso tributo al suo miglior traduttore, Emidio Martini, uomo fortemente convinto che la cultura sia il seme di miglioramento della società. Per questo motivo, cercando di onorare al meglio il nostro ruolo di operatori culturali prima che imprenditoriali, non possiamo esimerci dall'avere a cuore, come Martini, "le sorti della civili della società umana" e per questo siamo orgogliosi di riproporvi pagine bellissime, sempre eterne, fonti inesauribili di conoscenza e educazione.

Grazie a Emidio Martini e buona lettura!

Salvatore Primiceri

Rimini, agosto 2023

V

Elenco dei dialoghi in ordine cronologico

I dialoghi senza alcuna nota sono generalmente riconosciuti autentici. La nota (1) indica il mancato consenso generale che l'opera sia effettivamente di Platone, mentre la nota (2) indica l'opinione comunemente accettata dagli studiosi che Platone non ne sia l'autore.

DIALOGHI GIOVANILI

scritti dopo la morte di Socrate e i viaggi in Italia, fino alla fondazione dell'Accademia (395-387 a.C.). Generalmente sono dialoghi diretti: *Apologia di Socrate - Critone - Ione - Eutifrone - Carmide - Lachete - Liside - Alcibiade primo (1) - Alcibiade secondo (1) - Ippia maggiore (1) - Ippia minore (1) - Menesseno - Protagora - Gorgia*

DIALOGHI DELLA MATURITA'

(a) scritti dopo la fondazione dell'Accademia (388-368 a.C.). Generalmente sono dialoghi narrati, da Socrate o altri: *Clitofonte (1) - Menone - Fedone - Eutidemo - Simposio - La Repubblica - Cratilo*

(b) scritti in una fase avanzata (368-365 a.C.), preludono ai grandi dialoghi dialettici. Platone torna al dialogo diretto: *Fedro - Parmenide - Teeteto*

DIALOGHI DIALETTICI

scritti nell'ultima fase della vita di Platone (365-347 a.C.): *Sofista - Politico - Timeo - Crizia - Filebo - Leggi*

DIALOGHI SPURI

(a) considerati non autentici fin dall'antichità: *Demodoco (2) - Sulla giustizia (2) - Sulla virtù (2) - Sisifo (2) - Erissia (2) - Assioco (2)*

(b) ritenuti apocrifi dagli studiosi moderni: *Alcibiade secondo (2) - Amanti (2) - Ipparco (2) - Minosse (2) - Teage (2) - Epinomide (2)*

Dall'interpretazione tradizionale si discosta Charles H. Kahn, secondo il quale non vi sono basi per poter datare con sicurezza i dialoghi di Platone, considerato che essi sono il risultato di successive revisioni operate dall'autore durante tutta la vita. Pertanto, Kahn propone di suddividere i dialoghi in tre gruppi, partendo da considerazioni stilistiche e senza alcuna pretesa di fornire un ordine cronologico: il primo gruppo (suddiviso a sua volta in 6 sottogruppi) è costituito dai dialoghi che segnano il percorso verso La Repubblica, dialogo che a sua volta apre il secondo gruppo, e a seguire il terzo, composto dai dialoghi dialettici.

Apologia e Critone; Ione e Ippia minore; Gorgia e Menesseno; Lachete, Carmide, Eutifrone e

Protagora; Menone, Liside ed Eutidemo; Simposio, Fedone e Cratilo

Repubblica, Fedro, Parmenide, Teeteto

Sofista, Politico, Filebo, Timeo, Crizia, Leggi

In base alle indicazioni fornite dallo stesso Platone, si può ricostruire una sequenza parziale dei dialoghi descritta di seguito: Teeteto, Eutifrone, Sofista, Politico, Apologia, Critone e Fedone, che dovrebbero essere tutti ambientati nell'anno 399 a.C. L'Eutifrone si svolge nello stesso giorno del Teeteto, prima della morte di Socrate, mentre il Sofista si svolge fra gli stessi personaggi con la rilevante aggiunta dello "Straniero di Elea" e contiene un riferimento al patto orale del giorno prima. Platone indica anche che il Politico segue immediatamente al Sofista, mentre gli ultimi tre sarebbero ambientati nelle due settimane successive. Non sono chiare le ragioni per cui Platone abbia datato così il Timeo e i due dialoghi dialettici ponendoli in un momento delicato della vita di Socrate, cioè dal giorno in cui egli si reca per ricevere la notifica dell'accusa a poco prima del processo che lo condanna a morte.

Ordinamento in tetralogie

Il grammatico Trasillo, nel I secolo d.C., seguendo un'affinità di argomento, ordinò le opere platoniche in gruppi di quattro:

Eutifrone, Apologia di Socrate, Critone, Fedone

Cratilo, Teeteto, Sofista, Politico

Parmenide, Filebo, Simposio, Fedro

Alcibiade primo, Alcibiade secondo, Ipparco, Amanti

Teage, Carmide, Lachete, Liside

Eutidemo, Protagora, Gorgia, Menone

Ippia maggiore, Ippia minore, Ione, Menesseno

Clitofonte, La Repubblica, Timeo, Crizia

Minosse, Leggi, Epinomide, Lettere

Altre opere spurie sono:

Definizioni, Sulla giustizia, Sulla virtù, Demodoco, Sisifo, Erissia, Assioco, Alcione, Epigrammi.

Ordinamento in trilogie

Una diversa e più antica classificazione risale ad Aristofane di Bisanzio (III secolo a.C.), che ordinò le opere platoniche in cinque trilogie:

Repubblica, Timeo, Crizia

Sofista, Politico, Cratilo

Leggi, Minosse, Epinomide

Teeteto, Eutifrone, Apologia di Socrate

Critone, Fedone, Lettere

Cenni biografici di Platone

I più salienti tratti biografici di Platone si possono evincere, più che da altre fonti, dalla *Settima Lettera*, l'unica, contenuta nella più ampia opera delle *Lettere*, ad essere ritenuta autentica dalla maggioranza degli studiosi del filosofo greco.

Platone nacque nel 427 a.C. ad Egina; il padre Aristone e la madre Periictione appartenevano ad antiche e ricche famiglie. Ventenne, incontrò Socrate: i *Dialoghi Socratici* e l'inizio della *Settima Lettera* sono testimonianza del grande significato che questo incontro ebbe per il giovane.

Egli scrive nella *Settima Lettera*[2]:

Quando ero giovane anche io feci quella stessa esperienza che capitò a molti; pensai, una volta divenuto padrone di me stesso, di volgermi alla vita politica e agli affari della città. Ci furono poi alcuni rivolgimenti politici in città. Infatti si verificò un cambiamento ai vertici del governo di allora, ormai attaccato da più parti. Il potere fu posto nelle mani di cinquantuno magistrati[3]: undici in città, e dieci al Pireo avevano ciascuno il compito di occuparsi della gestione del mercato e di piccoli incarichi amministrativi, ma come capi supremi c'erano altri trenta magistrati.

---

[2] Platone, *La Settima Lettera*, Traduzione di Francesca Cupido, Primiceri Editore, Padova 2020.
[3] Si parla del regime oligarchico dei Trenta tiranni (404-403 a. C.).

Caso volle che tra costoro ci fossero anche alcuni miei parenti[4] e conoscenti che mi invitarono subito a entrare a far parte del governo. Non deve stupire la mia reazione a una simile proposta: pensavo che avrebbero portato la città da uno stato di illegalità ad uno di giustizia, cosicché mostrai particolare interesse nei confronti del loro futuro operato.

Mi resi conto che questi uomini in poco tempo fecero sembrare il governo precedente l'*età dell'oro*, e tra l'altro ordinarono al mio vecchio amico Socrate, uomo che, non mi vergogno a dirlo, era il più giusto tra quelli di allora, di recarsi con altre persone a prelevare con violenza un uomo per condannarlo a morte.

Agirono così per costringerlo a prendere parte, volente o nolente, alle loro malefatte; ma lui non volle obbedire, preferì esporsi ad ogni rischio pur di non essere compartecipe delle loro nefandezze.

Al vedere tutte questi atti indegni e altri di non minore gravità, rimasi disgustato e mi feci da parte.

Dopo non molto tempo il regime dei trenta cadde insieme a tutto il sistema di governo di allora. Fui preso di nuovo, anche se in modo più pacato, dal desiderio di occuparmi della vita politica e del bene comune.

Anche in questi sconvolgimenti si verificarono molti fatti vergognosi, e non è insolito che, in tutte le rivoluzioni, vengano portate a compimento vendette, anche piuttosto efferate, contro i nemici; ma poi quelli che tornarono al governo agirono con mitezza.

Accadde però che alcuni potentati portarono a processo anche il nostro amico Socrate con l'accusa più infamante, tra tutte quella che meno gli si addiceva: lo incriminarono per empietà. Lo condannarono e lo misero a morte[5] , lui

---

[4] Si tratta di Carmide e Crizia, quest'ultimo era zio di Platone e leader del regime dei Trenta Tiranni.

[5] Socrate venne condannato a morte con l'accusa di profanazione della sacralità delle leggi e di corruzione dei

che un tempo non aveva voluto prendere parte all'empia cattura di un loro compagno esule[6], quando erano in fuga e perseguitati dalla malasorte.

Ad assistere a tali vicende e al vedere uomini gestire in tal modo gli affari cittadini, le leggi e i costumi, riflettevo, e col passare degli anni, quanto più ci pensavo, tanto più mi sembrava difficile dedicarmi alla vita politica mantenendomi onesto.

Purtroppo ciò non era possibile senza alleati onesti e fidati, e non era semplice trovarne di disponibili, la città non viveva più secondo le tradizioni e i valori dei padri, era anche impossibile radunare nuovi compagni nell'immediato.

Il testo e i costumi delle leggi cominciarono a corrompersi in modo talmente assurdo che a me, che prima ero pieno di entusiasmo all'idea di dedicarmi alla politica, adesso guardando a questa situazione e vedendola completamente allo sbaraglio, vennero le vertigini.

Io, però, non smisi mai tenere sott'occhio la situazione, per vedere se ci sarebbero stati miglioramenti riguardo a questi specifici eventi e alla situazione politica nel suo complesso, ma prima di impegnarmi concretamente aspettavo sempre l'occasione propizia. Arrivai alla conclusione che tutte le città fossero amministrate da cattivi governi, che le leggi fossero destinate inesorabilmente al declino senza un intervento straordinario o un colpo di fortuna.

Capii quanto fosse necessario riconoscere alla buona filosofia grandi meriti, perché solo grazie ad essa è

---

giovani nel 399 a.C., il processo è descritto nel dialogo platonico Apologia di Socrate. Gli accusatori furono Meleto, Anito e Licone.

[6] Cfr. Apologia di Socrate (righi 32b-32c), il condannato è Leone di Salamina avversario del regime oligarchico.

possibile discernere *il giusto* sia nel pubblico che nel privato.

Socrate morì nel 399, condannato a morte dopo un processo iniquo e ingiusto, avviato da false accuse; Platone lasciò Atene per Megara, e fece viaggi in terre dove la civiltà greca aveva trovato alimento e forme originali – come Cirene e la Magna Grecia – e in un paese non greco, ma affascinante per i Greci dai giorni di Erodoto, l'Egitto. Il primo viaggio in Italia e in Sicilia avvenne nel 388/7, e si conclude con un episodio di cui Platone tace: la sua cattura, per ordine di Dionisio I, tiranno di Siracusa, e la sua vendita come schiavo sul mercato di Egina, dove fu riscattato da Anniceris di Cirene. A Siracusa Platone era divenuto amico di Dione, cognato e poi genero del tiranno, e – come racconta nella Settima Lettera – l'aveva trovato come nessun altro disposto ad ispirare l'azione politica alle teorie che Platone aveva elaborato dopo le deludenti esperienze della sua giovinezza. Tornato ad Atene, animato dall'incontro con Dione e convinto di dover operare perché la filosofia non rimanesse estranea alla vita degli uomini – che un Ateniese d'alto sentire non poteva concepire se non come vita di componenti di una società civile, anche quando, come avvenne a Socrate, la vocazione filosofica per sua natura eccezionale rendesse difficile la convivenza – fondò, probabilmente nel 386, l'Accademia.

Nel 367 morì Dionisio I il Vecchio; e Dione, fiducioso nell'attitudine del giovane Dionisio II allo studio filosofico, invitò Platone a tornare in Sicilia. La fiducia di Dione si rivelò presto infondata: egli stesso fu costretto dal tiranno all'esilio, e Platone, che aveva avuto compagno nel viaggio il discepolo Senocrate, rientrò ad Atene; ma alle delusioni di Siracusa poté trovare conforto nell'amicizia di Archita e dei Pitagorici di Taranto e nei loro successi politici. Dione, venuto ad Atene ospite dell'Accademia, riponeva in Platone tutte le sue speranze di tornare in patria, di rivedere la sua famiglia cui Dionisio vietava di lasciare Siracusa e di recuperare i suoi beni. Alle sue insistenze si aggiunsero quelle degli amici Tarantini; e Platone, benché ormai stanco e poco fiducioso, si impose come un dovere di amicizia l'assenso agli iterati inviti del tiranno. Nell'aprile del 361, accompagnato dal nipote Speusippo, venne per la terza volta a Siracusa. Dello spiacevole soggiorno e della drammatica conclusione la *Settima Lettera* conserva una efficace descrizione. Grazie all'intervento del governo di Taranto, Platone poté lasciare indenne la Sicilia, nel 360; e nell'agosto raggiunse ad Olimpia Dione, che si era risoluto a preparare una spedizione militare contro Dionisio. Nel 357 Dione entrò vincitore in Siracusa; nel 354 fu ucciso per iniziativa di un ambizioso ateniese, Callippo, che gli era stato condiscepolo nell'Accademia e lo aveva accompagnato in Sicilia. Platone fu profondamente turbato – come amico di Dione, come maestro fondatore dell'Accademia, come Ateniese – da questo fosco episodio. Da allora egli seguì le vicende siciliane solo per richiamare gli amici di Dione al rispetto degli ideali del loro maestro, e per esortare a mettere fine alla guerra civile, che minacciava di gettare la Sicilia greca in balia dei Cartaginesi e dei mercenari campani chiamati nell'isola dai tiranni; la *Settima Lettera* riflette le preoccupazioni del filosofo, che morì ottantenne nel 347.

Cronologia di Platone

427 a.C. – Nascita di Platone ad Atene.

421 a.C. – Pace di Nicia. Conclusione della prima parte della Guerra del Peloponneso, favorevole ad Atene.

415 a.C. – Atene, su pressioni di Alcibiade, invia una grande flotta alla conquista della Sicilia.

413 a.C. – Sconfitta in Sicilia per Atene che dovrà affrontare, indebolita da ingenti perdite, la seconda parte della guerra con Sparta.

411 a.C. – Colpo di Stato oligarchico ad Atene. Viene sciolta la Bulé e viene eletto un Consiglio dei Quattrocento con l'incarico di scegliere cinquemila cittadini a cui affidare il governo. Dopo pochi mesi, grazia alla flotta di stanza a Samo, rimasta fedele alla democrazia, viene ristabilito il governo democratico.

407 a.C. – Platone diviene discepolo di Socrate. Atene, nel frattempo, subisce una pesante sconfitta a Notion.

404 a.C. – Atene si arrende a Sparta. Nasce il governo dei Trenta Tiranni guidato da Crizia, ex democratico e discepolo di Socrate. Prima delusione politica di Platone, il quale, invitato dai parenti Carmide e Crizia a collaborare al nuovo governo, si rese ben presto conto della crudeltà e ingiustizia dei nuovi governanti, i quali ordinarono a Socrate di recarsi con altre persone a prelevare con violenza un uomo e condannarlo a morte. Il motivo era tentare di coinvolgere Socrate nelle malefatte del governo. Ma Socrate si rifiutò di obbedire.

L'esempio di giustezza del suo maestro e le numerose nefandezze compiute ogni giorno dai Trenta, spinsero Platone a mettersi da parte e rinunciare alla politica attiva.

403 a.C. – Trasibulo guida i democratici che rientrano con forza ad Atene ripristinando la democrazia. Il clima in città è comunque afflitto dalla crisi seguita alla sconfitta con Sparta e alla perdita dell'Impero.

399 a.C. – Processo e condanna a morte di Socrate. Seconda delusione politica per Platone: il suo maestro viene processato e condannato a morte ingiustamente.

399 a.C. / 388 a.C. – Platone inizia a viaggiare e a scrivere i *Dialoghi Socratici*, per rendere vivo e tramandabile il pensiero del suo maestro Socrate.

388 a.C. – Platone visita per la prima volta la Sicilia. Incontro con Dione e Dionisio il Vecchio.

386 a.C. – Pace di Antalcida. Il trattato sanciva l'indipendenza di tutte le *poleis* greche, grandi e piccole, eccetto Lemno, Imbro e Sciro che rimanevano sotto il controllo ateniese, divenendo cleruchie, ma prevedeva la rinuncia da parte greca dei nuovi territori conquistati nell'Egeo, che passavano sotto l'impero achemenide, che manteneva anche il controllo delle città della Ionia, di Clazomene e di Cipro.

386 a.C. / 367 a.C. – Platone scrive i *Dialoghi della Maturità*.

371 a. C. – Epaminonda guida l'esercito tebano e sconfigge gli Spartani a Leuttra. Tebe si sostituisce a Sparta nel ruolo di presenza egemone in Grecia.

367 a.C. – Morte di Dionisio I. Platone torna a Siracusa con l'intento di educare, con l'aiuto di Dione, il giovane ascendente al trono Dionisio II alla filosofia e al buon governo.

366 a.C. – Allontanamento di Dione da parte di Dionisio II a seguito dei consigli di Filisto.

365 a.C. / 361 a.C. – Platone scrive probabilmente in questo periodo i *Dialoghi Dialettici*.

364 a.C. – Epaminonda muore sul campo di Mantinea. Inizia il declino di Tebe.

361 a.C. Ultimo viaggio di Platone a Siracusa su invito di Dionisio II. Platone tenta una mediazione tra Dione e Dionisio II ma la situazione precipita. Platone fu salvato dai Pitagorici di Taranto. Ultimo incontro con Dione a Olimpia.

360 a.C. / 347 a.C. – Platone scrive ad Atene i suoi ultimi dialoghi: Timeo, Crizia, Le Leggi (rimaste incompiute). Scrive anche la Settima e l'Ottava Lettera.

359 a.C. – Filippo II diventa Re dei Macedoni e inizia la sua politica per dare alla Macedonia un ruolo di primo piano nella scena politica greca.

357 a.C. – Spedizione militare di Dione contro Dionisio II. Caduta del tiranno e inizio del governo di Dione.

354 a.C. – Morte di Eraclide dopo vari tentativi di tradire Dione.

354 a.C. – Uccisione di Dione ad opera del suo soldato traditore Callippo.

353 a.C. – Ipparino con gli alleati prende il potere a Siracusa. Espulsione di Callippo.

351 a.C. – Morte di Ipparino. Il fratello Niseo succede al trono.

348 a.C. – Morte di Platone.

347 a.C. – Ritorno di Dionisio II al potere a Siracusa.

346 a.C. – Pace di Filocrate. Trattato di pace stipulato tra Atene ed il Regno di Macedonia, che sancì la fine della Terza guerra sacra. Filippo di Macedonia assume il controllo dell'anfizionia delfica. Si avvicina la fine dell'autonomia delle *poleis*.

344 a.C. – Il generale corinzio Timoleonte libera Siracusa. Dionisio II fu esiliato a Corinto dove morì dopo il 343 a.C.

Difesa, verità e giustizia

Introduzione alla lettura dell'Apologia di Socrate

di Salvatore Primiceri

L'*Apologia* è l'unico testo di Platone a non assumere la forma del dialogo, escluso il breve passaggio in cui Socrate discute con uno dei suoi accusatori, Meleto. L'*Apologia*, infatti, è il discorso di difesa che Socrate tenne dinanzi ai suoi giudici, i quali dovevano decidere se fosse colpevole o meno di empietà e corruzione dei giovani, accusa presentata in tribunale da Meleto, Anito[7] e Licone. Tra gli studiosi è da sempre discussa la questione se questa opera sia davvero la trascrizione fedele che Platone, discepolo di Socrate, avrebbe fatto del discorso del maestro oppure una rivisitazione in cui il *"filosofo delle idee"* avrebbe inserito molto di suo. Confrontando il testo con quello più breve, dallo stesso titolo[8], redatto da un altro discepolo di Socrate, Senofonte, possiamo giungere alla conclusione che buona parte dei tratti

---

[7] Anito era in realtà il personaggio più influente che sostenne l'accusa a Socrate, oltre a Licone. L'accusa, infatti, se fosse stata proposta solo da Meleto, giovane senza alcuna autorità e sconosciuto a Socrate, sarebbe probabilmente caduta nel vuoto.
[8] Senofonte, *Apologia di Socrate ai giudici*, Primiceri Editore, Padova 2020, oppure, si veda il testo in appendice al presente volume.

caratteriali di Socrate e del suo modo di pensare sono da considerare rispettati per come davvero si presentavano. La differenza fra i due testi risiede essenzialmente nello scopo: mentre l'*Apologia* di Senofonte cerca di spiegare come mai Socrate scelse di tenere un discorso di difesa per vari aspetti considerato orgoglioso, se non addirittura presuntuoso, e perché questo fosse assolutamente coerente con il suo pensiero e la sua condotta di vita, l'*Apologia* di Platone, molto più articolata, evidenzia i punti fondamentali del pensiero socratico consentendo così ai posteri di usufruire di basi filosofiche talmente forti da costituire ancora oggi l'essenza e la salvezza del genere umano e del suo intelletto. Certo è, comunque, che Platone abbia utilizzato le sue opere "socratiche" per introdurre il proprio pensiero filosofico, come ci testimonia Diogene Laerzio[9] nelle *Vite dei Filosofi*: "*Mi pare che Socrate abbia discusso anche argomenti sulla natura, dal momento che faceva talvolta riferimento alla provvidenza, come afferma Senofonte, il quale, però, aggiunge che le sue conversazioni vertevano esclusivamente sull'etica. Inoltre, Platone nella Apologia, dove menziona Anassagora e alcuni altri naturalisti, parla di argomenti che Socrate nega di conoscere, ma attribuisce ugualmente ogni discorso a Socrate*". Socrate, quindi, si occupava di etica e per

---

[9] Diogene Laerzio (180 – 240) è stato uno storico greco antico, la cui opera, *Vite dei filosofi*, è una delle fonti principali sulla storia della filosofia greca.

onorare questa sua missione trascurava moltissime cose della vita quotidiana e gli affari di famiglia. Ciò che lo spinse a condurre una vita di discussione filosofica fu il responso dell'oracolo di Delfi, il quale per voce della Pizia, disse a Cherefonte[10] che Socrate era *"il più sapiente di tutti gli uomini"*. Il nostro filosofo rimase sorpreso e incredulo da tale affermazione in quanto riteneva di non essere affatto sapiente e, quindi, riconosceva di non sapere nulla. Così iniziò a indagare presso coloro che venivano reputati sapienti (poeti, artigiani, politici) in che modo egli potesse considerarsi sapiente, visto che il responso di un Dio non può che essere vero. Nasce così un metodo di ricerca della verità. Un metodo orale[11] basato sul dialogo, la *maieutica*, e sull'ironia (il mostrarsi ignorante di fronte a qualsiasi argomento, misurando così la reale conoscenza dell'interlocutore e affidandogli l'onere di rispondere

---

[10] Cherefonte del demo di Sfetto è stato discepolo e amico intimo di Socrate.

[11] L'oralità come metodo di insegnamento e divulgazione tra il popolo era ancora largamente prevalente ai tempi di Socrate. La cultura dell'oralità è rimasta dominante in Grecia fino a gran parte del V Sec. a. C. Solo negli ultimi tre decenni di questo e nella prima metà del IV la scrittura si è imposta come mezzo di comunicazione in forma definitiva. Si presume, quindi, sia per questo motivo che il filosofo non scrisse nulla. Il pensiero socratico ci viene infatti tramandato dalle opere dei suoi discepoli dei quali il più rappresentativo e prolifico fu indubbiamente Platone. Il metodo di Socrate segna la transizione tra l'oralità poetica e la scrittura. A questo proposito si veda Giovanni Reale, *Socrate. Alla scoperta della sapienza umana*, Cap. III, La Nave di Teseo, Milano 2019.

alle domande aperte iniziali). A Socrate interessava sapere cosa è la giustizia, cosa è il bene, cosa è la virtù e come un uomo si dovesse adoperare per avere questi beni ed esserne protagonista. Alle domande aperte del maestro seguivano risposte spesso parziali a cui Socrate controbatteva con nuove domande fino a giungere a due possibili conclusioni: il riconoscere da parte del proprio interlocutore di non essere sapiente e quindi di dover correggere le proprie lacune nel ragionamento proposto, oppure, l'*aporia*, ovvero una situazione dove l'interlocutore non cambia idea e ognuno rimane sulle proprie posizioni di partenza. Socrate, quindi, scopre nelle sue indagini filosofiche, che la gran parte di chi si crede sapiente, in realtà non lo è affatto e questo gli muove contro numerose antipatie. Il metodo utilizzato da Socrate, insieme al suo modo di porsi, costituiscono elementi di netta rottura con la tradizione orale del passato. Per questo il filosofo appare divisivo. Da un lato moltissimi cercavano la sua compagnia e il suo conversare, dall'altro una nutrita schiera di oppositori lo schernisce provando per lui antipatia, se non addirittura odio[12]. Nell'*Apologia*, distinguendo tra

---

[12] Diogene Laerzio racconta che Socrate "*Spesso, mentre svolgeva le sue indagini con il dialogo, mentre discuteva delle varie questioni che via via sorgevano, utilizzava un tono piuttosto veemente. Per questo alcuni suoi interlocutori reagivano con violenza, prendendolo in giro e picchiandolo, strappandogli i capelli e tirandogli pugni. Nella maggioranza dei casi veniva disprezzato e deriso ma egli sopportava tutto con animo sereno...*"

accusatori antichi e recenti, Platone presenta il commediografo Aristofane[13] come il padre di tutte le calunnie. Socrate, nell'apertura nella fase iniziale della sua difesa invita ironicamente i giudici a sostituire il capo d'accusa ufficiale con ciò che dicevano i vecchi calunniatori: *"Socrate si occupa di cose che non lo riguardano, investigando quel che c'è sotto terra e in cielo, tentando di far apparire migliore il ragionamento peggiore e insegnando questo agli altri"*. Si tratta proprio delle parole di Aristofane che Platone, per bocca di Socrate lo nomina espressamente: *"Qualcosa di simile avete visto tutti nella commedia di Aristofane: un Socrate che si fa trascinare sospeso in aria, che dice di passeggiare tra le nuvole e parla di una infinità di sciocchezze"*. Aristofane, infatti, nella sua opera satirica *Le Nuvole*, rappresenta Socrate come *"uomo sapiente, che specula sulle cose celesti, che investiga i segreti di sotterra, che le ragioni deboli fa apparire più forti e questo va insegnando"*. Aristofane

---

[13] Aristofane, figlio di Filippo del demo di Cidateneo (Atene, 450 a.C. circa – 385 a.C. circa), è stato commediografo, uno dei principali esponenti della Commedia antica (l'Archaia) insieme a Cratino ed Eupoli, nonché l'unico di cui ci siano pervenute alcune opere complete (undici). Egli accenna a Socrate anche nelle opere *"Le rane"* e *"Gli uccelli"* ma è nelle *"Nuvole"* che la satira dell'autore verso il filosofo si fa aspra e pungente tanto da ritenersi come il punto di partenza delle accuse in futuro mosse a Socrate. Diogene Laerzio ritiene invece che la satira dei poeti comici abbia lo scopo di deriderlo, ma finisce per lodarlo: *"I poeti comici, senza accorgersene, cercando di deriderlo, lo lodano"*.

aggiunge anche che questa attività di insegnamento veniva retribuita. Sappiamo, invece, che Socrate, non solo non aveva queste caratteristiche[14] ma, in particolare, conduceva una forte critica ai *Sofisti*, da egli ritenuti come venditori di sapere, in quanto per insegnare ciò che non sanno, chiedevano anche un compenso. Proprio sulla gratuità, quindi, del proprio filosofare e conversare con i giovani, Socrate pone l'accento per evidenziare come la sua sia esclusivamente una missione divina a fini etici e non, quindi, a fini di lucro. Nella prima parte dell'*Apologia*, quando Socrate si difende dalle accuse dei "primi accusatori" ovvero le persone che si sono sentite offese e derise dalle conversazioni con lui, egli spiega che cosa il Dio intendesse quando riconosceva Socrate come *"il più sapiente tra gli uomini"*. Si tratta del celebre *"so di non sapere"*[15], fondamento di tutta la dottrina etica socratica. In

---

[14] A questo proposito precisa anche Diogene Laerzio: *"Aristofane lo prende in giro nelle sue commedie rappresentandolo come colui che rende migliore il discorso peggiore. Questo perché Socrate fu il primo, insieme al suo discepolo Eschine, a insegnare agli uomini a diventare oratori e fu anche il primo a conversare sulla vita umana"*.

[15] Sull'affermazione *"so di non sapere"* si sono susseguite nel tempo numerose interpretazioni, sia positive (es. Kierkegaard) che negative (es. Nietzsche) a testimonianza che il messaggio socratico non è risultato a tutti pienamente comprensibile nel suo significato autentico. Sulle difficoltà interpretative e sulla difficoltà anche contemporanea di assimilare correttamente il "so di non sapere" vedasi inoltre il saggio di Filippo Bonfiglietti, *"Credere di sapere, un male sempre attuale"*, a introduzione dell'*Apologia* nel presente volume.

sostanza, Socrate era il più sapiente di tutti perché era in grado di ammettere di non sapere, mentre la maggioranza degli uomini credeva o fingeva di sapere, pur non sapendo nulla. Per il solo fatto di riconoscere il proprio limite, quindi, Socrate dimostrava di essere più sapiente degli altri. Pare che molti giovani si divertissero ad assistere alle "interrogazioni" con cui Socrate "smascherava" i finti sapienti ed emulassero a loro volta il maestro nel dialogare in giro per le vie e piazze di Atene. Da qui anche l'accusa di corrompere i giovani. In realtà, l'accusa appare piuttosto banale per non lasciare ipotizzare altri motivi, tra i quali il movente politico. Che quello di Socrate possa essere stato anche, se non soprattutto un processo politico, è plausibile secondo molti studiosi. Il filosofo aveva espresso critiche al governo democratico di Pericle. Era, inoltre, solito frequentare ambienti aristocratici ed è con molti giovani di questa classe sociale che amava intrattenersi a conversare, tra i quali anche Crizia e Alcibiade. Crizia divenne poi leader dei Trenta Tiranni, il regime oligarchico instaurato ad Atene nel 404 a.C. dopo la sconfitta contro Sparta nella guerra del Peloponneso. Durante il governo dei Trenta Tiranni, Socrate fu tra le poche migliaia di cittadini che conservarono i loro diritti e poterono continuare a vivere con relativa tranquillità[16]. Alcibiade, invece, dopo essere stato eletto alla suprema carica di

---

[16] Mauro Bonazzi, *Processo a Socrate*, Laterza, Bari-Roma 2018.

strego, passò dal partito democratico a quello conservatore in seguito alla sconfitta di Mantinea a opera di Sparta. Fu tra i comandanti della spedizione contro Siracusa (416-415), e giunto a Catania fu richiamato in patria per un'accusa di empietà. Temendo una condanna, si mise al servizio di Sparta. Caduto in sospetto anche degli spartani, grazie ad alcuni successi militari riuscì a tornare in patria ma finì assassinato vittima di una congiura[17]. Alcibiade militò con Socrate a Potidea nel 432 e a Delio nel 424. Della prima battaglia fa ricordo Platone nel *Simposio* (220 d-e), ma solo per esaltare la generosa abnegazione di Socrate, che non volle abbandonare il giovane Alcibiade ferito, ma salvò e lui e le sue armi, e poi si adoperò perché gli fosse conferito un premio. Sia Crizia che Alcibiade, comunque, non furono veri allievi di Socrate. I due ebbero consuetudine con Socrate; ma senza vera comunione. Socrate lo ricorda nella sua difesa: "*Scolari? Io non sono mai stato il maestro di nessuno. Lascio che con me conversi chi vuole e mi interroghi e mi risponda; povero o ricco che sia, e non merito lode se colui diventi un uomo perbene, né biasimo se il contrario*". E chiosa: "*Se, comunque, con il mio conversare io ho corrotto questi giovani, perché non vengono qui a testimoniare contro di me almeno i loro parenti di cui ne vedo anche qui in tribunale?*" Socrate, in realtà, ebbe motivi di critica verso la democrazia così come

---

[17] Secondo Aristotele il luogo della morte di Alcibiade fu il monte Elafo, in Frigia.

fu oppositore al regime dei Trenta Tiranni. La sua posizione si potrebbe definire "neutrale" anche se ciò non comporta l'assenza di adesione ad un ideale politico. La neutralità di Socrate è da intendersi, piuttosto, come la capacità di mantenere una visione obiettiva verso l'azione politica al fine di comprendere, indipendentemente da quale governo sia in carica, se essa venga intrapresa con giustizia e se risponda all'esigenza primaria della politica: agire per il bene comune. Socrate, nell'*Apologia*, ricorda due episodi[18], uno avvenuto durante il periodo in cui Atene si reggeva ancora a democrazia, l'altro avvenuto sotto il governo dei Trenta. Lo scopo di Socrate è quello di dimostrare ai giudici che la sua

---

[18] Si riferisce a due episodi in cui fu chiamato a eseguire funzioni pubbliche. Il primo avvenne durante il periodo in cui Atene si reggeva a democrazia. Il Consiglio dei Cinquecento, o Boulé, consiglio estratto a sorte tra i cittadini ateniesi, nel periodo in cui era di turno la tribù a cui apparteneva Socrate, fu chiamato a condannare a morte, contro la legge, i dieci capitani che non avevano raccolto i naufraghi e i morti dopo la battaglia delle Arginuse. Socrate fu l'unico a esprimere il voto contrario. Sotto il regime oligarchico, invece, i Trenta convocarono Socrate e altri quattro uomini nella sala del Tolo e ordinarono loro di portare via da Salamina Leone di Salamina e ucciderlo. Di questi ordini i Trenta Tiranni ne davano molti. Usciti dalla sala i quattro uomini andarono a prendere Leonte mentre Socrate se ne tornò a casa. Socrate afferma che se quel governo non fosse caduto da lì a poco, egli sarebbe stato ucciso per aver disobbedito all'ordine. I Trenta si erano persuasi che Socrate fosse nemico della democrazia ma non avevano compreso che le critiche di Socrate alla democrazia non potevano scaturire in una amicizia e difesa della tirannide, in particolare di un regime così scellerato come quello instaurato dai Trenta.

astensione dalla vita politica gli ha prolungato la vita. Nelle uniche due occasioni in cui il filosofo è stato chiamato a occuparsene, infatti, ha agito secondo verità e giustizia opponendosi alle volontà dei due governi e, quindi, rischiando senza alcun timore la propria incolumità: "*non bisogna temere la morte se si agisce secondo verità e giustizia*". Non sappiamo quanto possa risultare azzardato e provocatorio, a questo punto, considerare Socrate uno spirito anarchico, non nel senso negativo del termine e nemmeno come una persona contraria allo Stato e alle leggi di esso, piuttosto come un uomo che lavorava, da cittadino privato[19], ad una giustizia superiore a quella dei governi e delle legislazioni di qualunque fazione politica, per far sì che gli uomini sapessero crescere e formarsi secondo virtù e sapessero quindi affrontare le questioni decisive con etica[20], oltre che con logica. Questo è un punto fondamentale del ragionamento socratico. La maieutica, ovvero la capacità di porre dubbi e stimolare ragionamenti con il dialogo, non è che un

---

[19] Nell'*Apologia*: "*Non mi intromisi laddove sapevo che non avrei procurato vantaggio né a me né a voi; invece, mi sono dedicato a ognuno di voi, singolarmente e privatamente, cercando di persuadervi uno per uno di quello che io reputo il bene maggiore, cioè che, per diventare veramente virtuosi e sapienti, non bisogna curarsi delle proprie cose prima che di sé stessi, né degli affari della città prima della città stessa*".
[20] La dimensione etica di Socrate pone al primo posto la cura di sé stessi e della propria anima per essere più buoni possibile, in quanto "*è dalla virtù che nascono le ricchezze e tutti gli altri beni per l'uomo e non il contrario*".

metodo che affida all'esame dell'etica il proprio ragionamento logico[21]. La logica è spesso un sistema consequenziale che più è consolidato più corre il rischio paradossale di produrre inefficienza in quanto si arriverebbe al punto che i vari passaggi non vengano più sottoposti ad alcun esame di correttezza, verità e validità. Ad esempio, se consideriamo l'assunto che *"ogni cittadino deve rispettare le leggi"*, troveremo logico sanzionare chi non le rispetta. Ma, se in una determinata fattispecie in cui l'evolversi o semplicemente il cambiare dei bisogni o dei costumi della popolazione, una legge dovesse trovarsi inadeguata, la sua mera applicazione logica in base all'assunto precedente potrebbe produrre effetti distorsivi e ingiusti. Per questo il metodo socratico propone esami e riesami di questioni che possono sembrare perfino banali e ampiamente assodate. La ricerca del bene, del vero e del giusto è incessante soprattutto quando crediamo di sapere. Ad ogni azione che stiamo per compiere, ad ogni giudizio che stiamo per emettere, ad ogni legge che stiamo per scrivere o applicare, ad ogni evidenza che ci appare come tale, Socrate ci suggerisce di porci alcune domande semplici quali *"Perché?"*, *"Cos'è?"*, *"A cosa serve?"*, *"E' giusto?"*, *"E' sbagliato?"*, *"E' proprio così come ci appare?"* al fine di perfezionare il nostro pensiero e affinare la logica secondo un criterio di virtù. L'etica, dunque,

---

[21] Di avviso simile anche Bertrand Russell, *Storia della filosofia occidentale*, Tea, Milano 2017.

serve a non saltare passaggi, a non perdersi pezzi della sequenza logica per non arrivare a conclusioni false. Per fare questo occorre essere neutrali e il più possibile retti. Socrate, come detto, affidava ai suoi interlocutori l'onere di rispondere alle domande di cui sopra, e man mano che essi rispondevano, il dialogo consentiva, nei casi più fortunati, di mettere al posto giusto i pezzi mancanti[22] di un ragionamento o di una definizione. Socrate, dunque, tornando all'*Apologia*, si mostra per quello che è, un uomo giusto, onesto che vuole terminare la sua vita senza che gli sia rimproverato nulla. Al momento della sua condanna, a coloro che gli dicevano: "*Socrate, tu muori da innocente!*", egli rispondeva: "*Avreste preferito vedermi morire colpevole di qualcosa?*" Coerenza, verità e giustizia sono la cifra caratteriale del filosofo, giusto fino alla fine e anche oltre: "*Nell'aldilà potrò continuare le mie conversazioni senza il rischio di essere condannato a morte. Lì, infatti, c'è la vita eterna*". Anche da questa convinzione si evince il Socrate religioso, credente

---

[22] Secondo Bertrand Russell, gli errori logici hanno maggior importanza pratica di quanto si possa pensare. Essi permettono a chi li commette di avere poi l'opinione che preferisce su qualsiasi argomento. In questo senso la discussione socratica è un buon metodo per scoprire la verità. Tuttavia, Russell non ritiene il metodo adatto anche a scoprire fatti nuovi. La ricerca socratica si limiterebbe quindi a promuovere coerenza su argomenti di cui già abbiamo una discreta conoscenza e sui quali abbiamo mancato, per confusione mentale o insufficienza analitica, di giungere ad una corretta conclusione (*Storia della filosofia occidentale*, Tea, Milano 2017).

delle divinità e nel trapasso con la morte ad una vita ultraterrena. Egli non impiega molto a far cadere in contraddizione Meleto, uno dei suoi accusatori, il quale affermava nel capo d'accusa che Socrate era colpevole di non credere agli Dei riconosciuti dalla città e di introdurne di nuovi e strani. Socrate parlava di un demone che accompagnava le proprie decisioni, una sorta di voce della coscienza che gli diceva di fare o non fare una determinata cosa. Questo demone avrebbe sempre consigliato la cosa giusta a Socrate. Non sentendolo nella circostanza del processo, Socrate evince che la sua difesa non poteva essere condotta in modo migliore e che la morte era evidentemente una cosa da accogliere come un bene in quel momento. Il filosofo svergogna Meleto quando quest'ultimo afferma di ritenere Socrate un ateo. Infatti, anche se fosse che Socrate credesse ad una divinità non riconosciuta (il famoso demone) come farebbe ad essere ateo? Si tratta comunque di credere ad un Dio. E che dire della sua missione filosofica dopo il responso di Delfi? Proprio per obbedire al Dio, Socrate dedicherà il resto della sua vita al filosofare, indagando tra coloro che credono di essere sapienti e non lo sono. Nonostante la sua retta condotta e l'adesione ad un criterio di verità, Socrate fu condannato a morte. Secondo Diogene Laerzio, Socrate fu dichiarato colpevole con soli trenta voti in più. Anche solo il pareggio avrebbe consentito, secondo la legge dell'epoca, di non infliggere alcuna pena al filosofo. I giudici, quindi, non erano completamente orientati contro Socrate e la partita si sarebbe potuta giocare meglio. In che modo? Utilizzando, ad esempio, tutti gli strumenti legali consentiti in un processo, a partire da una difesa scritta da un avvocato. Socrate, però, rifiutò tale aiuto. Disse a Lisia, che scrisse il primo testo di difesa: *"Il discorso è bello, ma non mi si addice"*. Lisia rispose: *"Se è bello, perché non ti si addice?"* E Socrate replicò: *"Esattamente come non mi si addicono i bei mantelli e le scarpe"*[23]. Il motivo di tale rifiuto è che Socrate non riteneva giusto persuadere i giudici della propria innocenza attraverso un discorso bello ma di taglio giudiziario. Egli, ancora una volta e in coerenza col proprio pensiero, voleva mostrarsi con trasparenza dicendo solo la verità. Sceglie così di difendersi da solo utilizzando un linguaggio inconsueto per un tribunale. Per questo si scusa più volte con i giudici, rimarcando la capacità di persuasione dei suoi accusatori: *"Quasi mi sono dimenticato chi fossi, tanto parlavano in modo persuasivo. Eppure, non hanno detto una sola parola di verità"*. In Socrate riscontriamo, dunque, una prima riflessione sulla differenza tra verità processuale e verità reale. Egli è contrario a tutto ciò che in un processo può far

---

[23] Socrate, si tramanda che non avesse un bell'aspetto. Vestiva sempre con un mantello bucato e camminava a piedi nudi. Non soffriva il freddo e utilizzava tale abbigliamento leggero anche d'inverno.

XXXIV

sembrare vero il falso e falso il vero[24]. Egli, quindi, rifiuta anche l'utilizzo di testimoni tra parenti e amici e qualsiasi espediente compassionevole, ovvero teso a suggestionare e muovere a pietà i giudici. E Socrate non solo non utilizza questi metodi, ma li condanna fermamente dinanzi ai giudici: *"E' costume che gli accusati portino qui i loro congiunti, figli e amici, per destare pietà; io non farò questo: non già per orgoglio, ma per rispetto di voi stessi e di me"*. Il compito del giudice, che ha giurato, è quello di giudicare, non di fare grazie del giusto, e Socrate non vuole passare dalla parte del torto: *"Se cercassi, con preghiere e lamenti, di indurvi a violare il vostro giuramento, allora sarei veramente empio e colpevole delle accuse di cui sono stato accusato"*. Socrate sente che tira una brutta aria ma non fa nulla per sfuggire alla condanna se non dire la verità. Dopo la sua condanna si rivolge prima a chi ha votato per la sua morte, e poi a chi ha votato per l'assoluzione. Ai primi spiega che scampare alla morte durante una battaglia è da vili ed è una cosa molto facile da attuare: *"Mentre io vado alla morte, voi avrete viltà e infamia per tutta la vita"*. E poi ancora: *"Uccidere e incatenare uomini non giova; l'unico beneficio per*

---

[24] Il concetto è ripreso più volte nei dialoghi socratici di Platone, in particolare nel *Protagora*, in cui si evidenzia la capacità oratoria del protagonista, capace di difendere con efficacia una parte e, al tempo stesso, se venisse chiamato a farlo, capace allo stesso modo di difendere la controparte. La verità si piega, quindi, al discorso più convincente e alle strategie processuali adottate dagli avvocati.

gli uomini è quello di adoperarsi per essere sempre più virtuosi e migliori". Ai secondi, che chiama amici, rivolge un discorso di rassicurazione spiegando che la morte non è un male, soprattutto se sopraggiunge in questo modo: *"A un uomo per bene non potrà mai sopraggiungere alcun male, né da vivo né da morto, e tutto è rimesso alla benevolenza degli Dèi. Coloro che mi hanno condannato hanno pensato di farmi del male; invece, hanno fatto a me del bene e del male a loro stessi"*. Infine, l'insegnamento principale sul dovere di un cittadino arriva dal *Critone*[25], dialogo socratico considerato la naturale prosecuzione dell'*Apologia*, sempre ad opera di Platone. Critone è un amico di Socrate e, come Platone, assiste al processo del maestro[26]. Critone si reca a trovare Socrate in carcere alcuni giorni prima dell'esecuzione della sentenza. Amico della guardia carceraria, propone a Socrate un piano di evasione dal carcere che il filosofo respinge con determinazione, nonostante le insistenze piuttosto vivaci di Critone. Il motivo del gran rifiuto è presto detto: Socrate, in coerenza assoluta con il suo

---

[25] Critone del demo di Alopece (V secolo a.C. – IV secolo a.C.), filosofo greco antico, discepolo e amico di Socrate.

[26] La presenza di Platone al processo di Socrate è confermata sia dallo stesso Platone nell'*Apologia*, quanto da Diogene Laerzio, il quale nelle *Vite dei Filosofi*, narra che, durante il processo, Platone salì sulla tribuna e cominciò a parlare così: *"Benché sia il più giovane, o giudici ateniesi, di quanti salirono su questa tribuna..."*, ma fu interrotto dalle urla dei giudici: *"Scendi, scendi!"* Diogene Laerzio attribuisce questa testimonianza a Giusto di Tiberiade.

XXXVI

pensiero, ritiene che il rispetto delle leggi sia il dovere di ogni cittadino e che *"non bisogna reagire ad un'ingiustizia con un'altra ingiustizia"*. Seguendo la linea che non bisogna fare male ad alcuno, nemmeno su impeto emotivo dettato dalla rabbia, l'ingiustizia, dunque, è meglio riceverla che commetterla. Ancora una volta, Socrate, spiegando a Critone l'importanza delle leggi[27], dimostra la validità del suo ragionamento etico con la logica, a cui Critone può solo alzare le mani e convenire col pensiero del maestro. Critone si preoccupa anche dell'opinione della gente, ovvero cosa potrebbero pensare i più nel vedere che i discepoli di Socrate, Critone compreso, non impegnavano i loro denari per salvare un amico, pur potendolo fare (possedevano denaro sufficiente per corrompere le guardie carcerarie e poi, lungo il viaggio, non sarebbero mancati amici pronti ad aiutarlo e accoglierlo fuori dalla città). Socrate afferma qui un altro principio cardine del suo pensiero: *"Ma, mio caro Critone,*

---

[27] Sono le stesse Leggi a parlare nella cosiddetta *prosopopea delle leggi*, cifra narrativa del Critone: *"Se, invece, tu ora risolverai di morire, sarà perché sei stato ingiustamente trattato, ma non da noi Leggi, bensì dagli uomini; se, invece, fuggissi, rispondendo vigliaccamente all'ingiustizia con altra ingiustizia, al male con il male, trasgredendo i patti e gli accordi stipulati con noi, facendo del male a chi meno lo meritava, cioè a te stesso, agli amici, alla patria e a noi, noi ti saremmo nemiche, finché vivrai e le nostre sorelle, le leggi dell'oltretomba, non ti accoglieranno, poi, con benevolenza, sapendo che tu hai tentato di sovvertirci, per quanto era in tua facoltà"*.

perché dovrebbe interessarci quello che dice la gente? Le persone per bene - ed è di loro che ci deve importare - penseranno, invece, che le cose siano andate, effettivamente, come sono andate" Non conta, quindi, l'opinione degli altri, ma solo quella di chi è competente in cosa è giusto, buono e bello. Egli spiega a Critone come le persone più accorte apprezzeranno gli amici e discepoli per aver provato ad aiutarlo e come apprezzeranno anche egli stesso per aver rispettato fino in fondo le leggi. Meglio, quindi, essere ricordato per un uomo integro, retto e giusto fino alla fine, dove nemmeno il risentimento per l'ingiustizia subita può scalfire in alcun modo la coerenza e la forza del suo insegnamento. Il sacrificio di Socrate, che sceglie di andare incontro alla morte, è, pertanto, l'unico finale possibile per consentire al filosofo di rimanere un esempio da cui le future generazioni avrebbero potuto trarre vantaggio. Ed è stato così ed è ancora oggi così se si pensa all'influenza continua che l'etica socratica esercita nella storia, nelle nazioni e tra i popoli: un'ancora di salvezza ai cui valori di verità, bontà e giustizia l'umanità dovrebbe aggrapparsi sempre e saldamente.

XXXVIII

Vita di Socrate

(da "Vite dei Filosofi" di Diogene Laerzio, Libro II, Cap. V)

Come riporta anche Platone nel Teeteto, Socrate era figlio dello scultore Sofronisco e della levatrice Fenarete. Era cittadino ateniese del borgo di Alopece. Alcuni ritenevano che fosse collaboratore di Euripide nella composizione delle sue tragedie. Teleclide si esprime così sulla questione:
Ecco I Frigi, nuova tragedia di Euripide, sotto cui Socrate pone fasci di sarmenti.
Ed inoltre egli scrive:
Euripide dai chiodi socratici
Mentre Callia, nei Prigionieri, scrive:
> *A.   Perché hai un'aria così grave e pensosa?*
> *B.   Ne ho ben donde: Socrate è l'autore.*

Aristofane nelle Nuvole, si esprime invece così:
Questo è colui che per Euripide compose tragedie piene di ciarle, sì, ma anche di sottile sapienza.
Secondo alcuni, come afferma Alessandro nelle *Successioni dei Filosofi*, fu uditore di Anassagora e di Damone. Dopo la condanna di Anassagora, divenne uditore del filosofo naturalista Archelao, di cui, secondo Aristosseno, fu anche l'amasio. Duride scrive che egli fu servo e lavorò ad opere di pietra. Alcuni dicono che scolpì le Cariti, vestite, che sono nell'Acropoli. Per questo Timone scrisse nei *Silli*:
E da questi deviò Socrate, lucidatore di pietre, che di leggi sempre ciarlò, gli Elleni magicamente

conquise, maestro nel sottile argomentare, naso fine, stroncatore dei fini dicitori, ironizzatore, attico a metà.

Come ci assicura Idomeneo, Socrate era molto abile nell'arte retorica, tanto che, come ci testimonia Senofonte, i Trenta gli impedirono di insegnare l'arte della parola.

Aristofane lo prende in giro nelle sue commedie rappresentandolo come colui che rende migliore il discorso peggiore. Questo perché Socrate, come ci racconta Favorino nella *Storia Varia*, fu il primo, insieme al suo discepolo Eschine, a insegnare agli uomini a diventare oratori: la notizia è confermata da Idomeneo nella sua opera *Dei Socratici*. Fu anche il primo a conversare sulla vita umana e fu anche il primo filosofo che venne condannato a morte e giustiziato, come ci racconta sempre Idomeneo nel suo saggio sulla scuola socratica. Aristosseno, figlio di Spintaro, afferma che egli riuscì a diventare ricco impiegando il capitale e ricavandone gli interessi; spendeva solo le rendite e reinvestiva la somma.

Demetrio di Bisanzio dice che Critone lo tolse via dall'officina e lo educò, innamorato della grazia della sua anima. Egli, allora, convinto che la filosofia naturale non aveva alcun rapporto diretto con i nostri interessi, si dedicò a speculazioni morali, che teneva sia nella sua bottega che nella piazza del mercato. Era solito affermare che l'oggetto della sua ricerca era:

Tutto ciò che di male e di bene può capitare all'uomo nella propria casa.

Spesso, mentre svolgeva le sue indagini con il dialogo, mentre discuteva delle varie questioni che via via sorgevano, utilizzava un tono piuttosto veemente. Per questo alcuni suoi interlocutori reagivano con violenza, prendendolo in giro e picchiandolo, strappandogli i capelli e tirandogli pugni. Nella maggioranza dei casi veniva disprezzato e deriso ma egli sopportava tutto con animo sereno tanto che una volta, dopo essere stato preso a calci e maltrattato in giro, e dopo aver sopportato tutto con pazienza, a chi si meravigliava della sua pazienza disse: "Se un asino mi avesse preso a calci, mi avreste fatto intentare un'azione contro di lui?". Questo racconta Demetrio.

A differenza della maggioranza dei filosofi non ebbe bisogno di allontanarsi dalla sua città tranne le volte in cui veniva chiamato a prestare servizio nell'esercito. Per il resto della sua vita rimase sempre in patria, conversando con tutti e viceversa, spinto dal suo ardore di ricerca. Lo scopo delle sue conversazioni era la ricerca della verità, non perché gli altri rinunziassero alle loro opinioni. Si dice che Euripide gli abbia dato da leggere un'opera di Eraclito e ne abbia chiesto il suo parere. Socrate rispose: "Quello che ho compreso è eccellente; così come pure quello che non ho compreso. Ma per giungere al vero significato ci vuole un palombaro di Delo".

Curava molto anche gli esercizi fisici e si manteneva in forma. Partecipò alla spedizione di Anfipoli e nella battaglia di Delio, quando Senofonte cadde da cavallo, Socrate lo raccolse salvandogli la vita; nella fuga generale degli Ateniesi, egli si ritirò in silenzio, guardandosi intorno lentamente per respingere chiunque lo assalisse. Partecipò anche alla spedizione di Potidea, che fu intrapresa per mare; in quanto era impossibile raggiungerla via terra per via della guerra che aveva interrotto le comunicazioni. Fu in quella occasione, come dicono, che rimase tutta la notte in una stessa posizione e riportò ivi il primo premio del valore che egli cedette ad Alcibiade, di cui Aristippo nel quarto libro *Della lussuria degli antichi* dice sia stato innamorato. Ma Ione di Chio dice che fin da giovanissimo lasciò Atene per recarsi a Samo con Archelao; mentre Aristotele dice che andò a Delfi. Anche Favorino, nel primo libro delle *Memorie*, dice che andò all'Istmo.

Era un uomo forte d'animo e democratico, come si evince dai seguenti fatti: non cedette a Crizia e ai suoi amici quando ordinarono che Leonte di Salamina, uomo ricco, fosse condotto dinanzi a loro per essere condannato a morte; fu l'unico che votò a favore dei dieci strateghi; non volle fuggire via dalla prigione anche se ne aveva la possibilità; ammonì severamente gli amici che compiangevano il suo destino e, incatenato, rivolse loro quei bellissimi discorsi.

XLII

Fu uomo indipendente e dignitoso. Racconta Panfila nel settimo libro delle Memorie che una volta Alcibiade gli offrì un vasto terreno per potersi costruire una casa e che egli replicò: "Se io avessi bisogno di calzari e tu mi offrissi il cuoio per realizzarli, sarebbe ridicolo che io accettassi". E spesso, vedendo la moltitudine delle cose che si vendevano, diceva: "Di quante cose non sento il bisogno!" E continuava a ripetersi questi versi giambici:

Opere cesellate d'argento e abiti di porpora sono utili

Alla scena del teatro, non alla vita.

Mostrò, quindi, disprezzo per Archelao di Macedonia e Scopa di Crannone e anche Euriloco di Larissa, non accettando da loro offerte di denaro né ospitalità nelle loro corti. Condusse uno stile di vita così ordinato che fu l'unico a non contagiarsi durante le frequenti pestilenze scoppiate in Atene.

Aristotele dice che sposò due donne. La prima fu Santippe, dal quale ebbe il figlio Lamprocle; la seconda fu Mirto, figlia di Aristide il Giusto, che prese senza dote, da cui nacquero Sofronisco e Menesseno. Altri affermano, invece, che sposò prima Mirto; altri ancora, fra i quali Satiro e Ieronimo di Rodi, che ebbe entrambe le mogli contemporaneamente. Si dice, infatti, che gli Ateniesi, con lo scopo di incrementare la popolazione e per sopperire così alla scarsezza di uomini, decretarono che ci si potesse sposare con una sola donna ateniese ma che si potessero avere figli anche da un'altra. Socrate avrebbe fatto appunto così.

Era capace di disprezzare anche coloro che lo prendevano in giro. Era orgoglioso della semplicità del suo tenore di vita e non riscosse mai un compenso.

Diceva che mangiava nel modo più piacevole quando non aveva bisogno di companatico e, allo stesso modo, gustava maggiormente una bevuta quando sapeva che non ce ne sarebbe stata una successiva. Era quindi bisognoso di pochissime cose ed era molto vicino agli dèi. Questo sarà possibile apprenderlo anche dai poeti comici, i quali senza accorgersene, cercando di deriderlo, lo lodano. Ad esempio, Aristofane:

Oh, uomo che giustamente desiderasti attingere la grande sapienza, come vivrai felice tra gli Ateniesi e i Greci. Di memoria tenace, tu sei, pensatore profondo, temprato nell'animo sì duro travaglio, né mai ti stanchi fermo o camminando, né ti addolori troppo per il freddo, né dai in smanie per il desinare, ti astieni dal vino e dalle leccornie e dalle altre frivole stoltezze.

E Amipsia, presentandolo avvolto in un logoro mantello, dice questo di lui:

O Socrate, il migliore tra pochi, il più stolto tra molti, vieni anche tu a noi. Almeno sei forte. Come ti si potrebbe fare un buon mantello?
Questo malanno è un insulto ai ciabattini.

XLIV

*Costui, pur così affamato, mai ebbe la forza di
adulare.*

La sua indole altezzosa e sprezzante viene
sottolineata anche da Aristofane, in questo modo:
*Cammini per la via a testa alta guardandoti in giro
e pur sopportando molte sofferenze perché cammini
a piedi nudi, ti mostri a noi con sguardo altero.*
Eppure, qualche volta si adattava alle circostanze e
indossava splendidi abiti, come nel *Simposio* di
Platone dirigendosi a casa di Agatone.

Era capace con uguale abilità sia di persuadere che
di dissuadere; per esempio, dopo una conversazione
con Teeteto intorno alla scienza, lo congedò, come
ci racconta anche Platone, quasi posseduto da
un'ispirazione divina; al contrario, dopo una breve
discussione sulla pietà, convinse Eutrifone a
desistere dall'intenzione di intentare un processo al
padre per l'uccisione di un forestiero. Attraverso
l'esortazione rese il carattere di Liside molto
virtuoso. Era infatti abile a dedurre dai fatti stessi i
suoi argomenti. Svergognò il figlio Lamprocle, reo
di essersi rivolto in modo maleducato verso la madre,
come ha testimoniato in qualche luogo anche
Senofonte. E sempre come ci racconta Senofonte,
distolse Glaucone, fratello di Platone, il quale ambiva
ad una carriera politica, perché era inesperto; al
contrario incoraggiò Carmide che dimostrava di
avere la natura e le qualità di un uomo politico.

Sollevò dalla consapevolezza di sé stesso lo stratego
Ificrate mostrandogli che i galli del barbiere Midia

battevano le ali sfidando quelli di Callia. E Glauconide disse che egli potesse conferire prestigio alla città come un fagiano o un pavone.

Affermava che per lui era strano che un uomo potesse facilmente dichiarare quanti capi di bestiame possedeva e non era invece disposto a nominare gli amici che aveva: evidentemente gli uomini consideravano di poco conto l'argomento.

Una volta, vedendo Euclide particolarmente intento alle argomentazioni eristiche, gli disse: "O Euclide, potrai intendertela con i sofisti, ma mai con gli uomini". Riteneva infatti inutile dedicarsi a simili ricerche, inutili e cavillose, come testimonia Platone nell'*Eutidemo*.

Quando Carmide gli offrì degli schiavi per trarne profitto, li rifiutò, e, come dicono alcuni, rimase indifferente alla bellezza di Alcibiade.

Secondo anche quanto afferma Senofonte nel Simposio, lodava l'ozio come il più prezioso dei beni. Diceva che uno solo è il bene, la conoscenza, e uno solo il male, l'ignoranza; ricchezza e nobiltà di natali non conferiscono dignità, piuttosto arrecano male.

Quando un tale gli disse che Antistene era di madre tracia, egli replicò: "Davvero potevi pensare che un uomo così nobile potesse avere entrambi i genitori ateniesi?" Ordinò a Critone di riscattare Fedone che, caduto prigioniero, era stato costretto a stare in una casa di malaffare, e lo fece filosofo.

In età già avanzata imparò a suonare la lira, dicendo che era del tutto normale apprendere ciò che non si

XLVI

sa. Ancora, danzava regolarmente, ritenendo che tale esercizio giovasse a mantenere sano il corpo: così riferisce anche Senofonte nel Simposio. Egli diceva che un demone gli prediceva il futuro; il saper obbedire non è cosa da poco ma si impara gradualmente; nulla sapeva eccetto di non sapere nulla. Diceva che quelli che compravano le primizie a prezzo elevato non avevano speranza di giungere alla maturità. Una volta qualcuno gli chiese quale fosse la virtù per un giovane ed egli rispose: "Non eccedere". Era solito dire che bisognasse studiare la geometria, abbastanza da saper misurare i terreni che acquistava o vendeva.

Udendo il verso dell'Auge di Euripide in cui il poeta dice della virtù:

La cosa migliore è lasciarla andare secondo il caso

Si alzò e andò via dicendo che è ridicolo ammettere che si debba cercare uno schiavo che non si trova e lasciare andare in malora la virtù in questo modo. Quando qualcuno gli chiese se bisognasse sposarsi o meno, egli rispose: "Qualunque cosa tu faccia, te ne pentirai". Diceva di meravigliarsi che gli scultori di statue marmoree si preoccupavano di far somigliare il più possibile all'uomo il blocco di marmo, mentre loro stessi non si preoccupavano del fatto che apparivano più simili al marmo. Riteneva che i giovani dovessero continuamente guardarsi allo specchio in modo di conformare la loro bellezza – se vi fosse – al loro comportamento oppure di nascondere i loro difetti con l'educazione.

XLVII

Una volta invitò a pranzo alcuni uomini ricchi e a Santippe, che era preoccupata, disse: "Stai tranquilla, se saranno moderati, si adatteranno; se intemperanti, non ce ne prenderemo cura". Diceva che mentre gli altri uomini vivevano per mangiare, egli mangiava per vivere. Della massa di uomini da non prendere in considerazione era solito dire che era come se uno rifiutasse un solo tetradramma come falso e accettasse come vero un mucchio composto da tali pezzi. A Eschine che gli disse: "Sono povero, non possiedo niente, ti offro me stesso", replicò: "Non ti rendi conto della grandezza del tuo dono?" Quando un tale espose il suo disappunto perché durante il governo dei trenta non veniva considerato, Socrate replicò: "Non c'è proprio nient'altro di cui tu ti debba dispiacere?"

A chi gli annunciò che gli Ateniesi l'avevano condannato a morte, replicò: "Anche loro sono stati condannati dalla natura". Altri attribuiscono il detto ad Anassagora. Alla moglie che gli disse: "Tu muori da innocente", ribatté: "Avresti preferito che io morissi colpevole?". Sognò un tale che gli diceva:

Al terzo giorno verrai a Ftia dalla fertile zolla

Ed egli disse ad Eschine: "Fra tre giorni morirò". Quando stava per bere la cicuta, Apollodoro gli offriva un bel mantello perché in esso morisse; egli disse: "Perché il mio mantello che fu adatto per viverci, non è altrettanto adatto per morirci?" E ancora, quando gli venne detto che un tale parlava male di lui, egli commentò: "Infatti, non imparò a parlare bene".

XLVIII

Poiché Antistene rivoltò il suo mantello in modo da rendere evidenti gli strappi, diceva: "Attraverso il mantello vedo la tua vanità". A chi gli chiedeva: "Non ti sembra che quel tale ti stia ingiuriando?", egli rispondeva: "No, a questo tipo di ingiurie non mi oppongo". Era solito dire che bisognasse accettare la satira dei poeti comici: se infatti diranno i nostri difetti, ci emenderanno, altrimenti non ci toccano. Una volta Santippe prima lo insultò e poi gli tirò addosso l'acqua, ed egli disse: "Non avevo detto che il tuono di Santippe si sarebbe trasformato in pioggia?" Ad Alcibiade che gli diceva come il minaccioso brontolio di Santippe fosse insopportabile, replicò: "Ci sono talmente abituato che è come sentire il rumore incessante di un argano".

Poi rivolgendosi ancora ad Alcibiade disse: "E tu non sopporti lo starnazzare delle oche?" E Alcibiade rispose: "Ma almeno le oche mi producono uova e paperi". Socrate a sua volta replicò: "Ma anche a me Santippe genera i figli". Una volta nel mezzo del mercato Santippe gli strappò il mantello: i suoi amici incitavano Socrate a usare le mani per punire il gesto di Santippe ma Socrate rispose: "Certo, per Zeus, così mettendoci noi a fare il pugilato voi vi mettete a tifare Forza Socrate e Forza Santippe". Diceva che con una donna dal carattere aspro bisognava comportarsi come i cavalieri con i cavalli focosi: "Come quelli che dopo aver domato i cavalli furiosi la spuntano facilmente sugli altri, così anche io abituato a convivere con Santippe mi troverò a mio agio con tutti gli altri uomini".

In conseguenza di tali e simili detti e fatti si ebbe il responso dell'Oracolo di Delfi, che a Cherofonte, per voce della Pizia, disse:

Socrate è il più sapiente di tutti gli uomini

Da quel momento Socrate fu invidiato moltissimo, soprattutto perché tacciava di stolta ignoranza coloro che si sentivano sapienti e presuntuosi, come, ad esempio, Anito; e ciò risulta anche dal *Menone* di Platone. Anito mal sopportò il comportamento di Socrate e per prima cosa attirò contro di lui Aristofane e i suoi amici, poi spinse Meleto a intentargli una causa e mandarlo a processo con l'accusa di empietà e corruzione dei giovani. L'atto d'accusa fu quindi presentato da Meleto, il discorso fu pronunciato da Polieucto, come afferma Favorino nella *Storia Varia*; il discorso fu redatto dal sofista Policrate, come dice Ermippo, o da Anito, come sostengono altri; tutti i preparativi procedurali furono assolti dal demagogo Licone.

Antistene nelle Successioni dei Filosofi e Platone nell'Apologia dicono che gli accusatori di Socrate furono tre: Anito, Licone e Meleto. Anito rappresentava il risentimento e gli interessi degli artigiani e degli uomini politici; Licone dei retori; Meleto dei poeti: queste erano le categorie di persone che Socrate scherniva. Favorino, nel primo libro delle *Memorie*, dimostra che il discorso di Policrate contro Socrate non è autentico: in esso egli fa cenno alla ricostruzione delle mura ad opera di Conone, che ebbe però luogo ben sei anni dopo la morte di Socrate. Ed in effetti è così.

La dichiarazione giurata, che si conserva ancora, come dice Favorino nel *Metroo*, recitava così: "Meleto, figlio di Meleto, del demo Pito, contro Socrate, figlio di Sofronisco, del demo Alopece, presentò quest'accusa e la giurò: Socrate è colpevole di non riconoscere gli dèi in cui si riconosce la città e di introdurre altre nuove divinità; è colpevole, inoltre, di corrompere i giovani. Pena richiesta: la morte". Il filosofo, dopo aver letto tutta la difesa che Lisia aveva redatto per lui, commentò: "Il discorso è bello, Lisia, ma non mi si addice". Evidentemente era un discorso di stampo maggiormente giudiziario che filosofico. Lisia replicò: "Perché dici che il mio discorso non ti si addice pur definendolo bello?" E Socrate: "Nello stesso modo in cui non si adatterebbero a me i bei mantelli e le scarpe".

Giusto di Tiberiade, nella Corona, narra che, durante il processo, Platone salì sulla tribuna e cominciò a parlare così: "Benchè sia il più giovane, o giudici ateniesi, di quanti salirono su questa tribuna...", ma fu interrotto dalle urla dei giudici: "Scendi, scendi!" Socrate fu infine condannato con una maggioranza di duecentottantuno voti. Calcolando i giudici a quale pena o multa dovesse essere condannato, egli disse di poter pagare venticinque dracme. Eubulide, però, afferma che alla fine propose di pagarne cento. Siccome i giudici rumoreggiavano, egli infine disse: "Per i servizi da me resi allo Stato, valuto la mia pena ad essere mantenuto nel Pritaneo a pubbliche spese". Fu così condannato a morte, con 80 voti di scarto. Fu dapprima messo in prigione e, dopo molti giorni, bevve la cicuta, dopo aver comunque tenuto molti e nobili discorsi, che Platone ha raccolto nel Fedone. Secondo alcuni compose anche una peana, il cui inizio recita:

Delio Apollo, salve, e tu, Artemide, inclita prole.

Dionisodoro, tuttavia, afferma che il peana non è suo. Compose anche una favola esopica, con poca creatività a dire il vero, che inizia così:

Ai cittadini di Corinto Esopo disse una volta: non giudicare la virtù con il metro della sapienza dei giudici popolari.

Socrate morì e gli Ateniesi se ne pentirono subito; chiusero le palestre e le scuole. Condannarono gli altri all'esilio e Meleto a morte; onorarono Socrate con una statua di bronzo, creata da Lisippo, che installarono nel Pompeo. Quelli di Eraclea, nello stesso giorno in cui vi fece ritorno, bandirono Anito. Ma gli Ateniesi non si comportarono così solo nel caso di Socrate, ma in moltissimi altri casi. Secondo Eraclide, multarono Omero di 50 dracme come pazzo; dicevano che Tirteo delirava, mentre onorarono con una statua di bronzo Astidamante, primo della famiglia di Eschilo. Euripide nel *Palamede* li richiama in questo modo: "Voi avete ucciso, avete ucciso il più sapiente usignolo delle Muse, che non fece male a nessuno". Ed è proprio così. Ma Filocoro afferma che Euripide morì prima di Socrate.

Apollodoro nella Cronologia dice che nacque sotto l'arcontato di Apsefione nel quarto anno della LXXVII Olimpiade, nel sesto giorno del mese Targelione, quando gli Ateniesi purificano la città e i Delii dicono sia nata Artemide.

Morì nel primo anno della XV Olimpiade, all'età di settant'anni. Così afferma anche Demetrio Falereo. Alcuni, tuttavia, ritengono che sia morto a sessant'anni.

Socrate ed Euripide furono entrambi uditori di Anassagora, che nacque nel primo anno della LXXV Olimpiade sotto l'arconte Callias.

Mi pare che Socrate abbia discusso anche argomenti sulla natura, dal momento che faceva talvolta riferimento alla provvidenza, come afferma Senofonte, il quale, però, aggiunge che le sue conversazioni vertevano esclusivamente sull'etica.

Inoltre, Platone nell'*Apologia,* dove menziona Anassagora e alcuni altri naturalisti, parla di argomenti che Socrate nega di conoscere, ma attribuisce ugualmente ogni discorso a Socrate.

Aristotele tramanda che un mago giunto dalla Siria ad Atene, fra gli altri mali, predisse a Socrate che sarebbe morto di morte violenta.

Vi è un nostro epigramma dedicato a Socrate:

Bevi dunque, o Socrate, nella casa di Zeus; che veramente il Dio ti ha chiamato saggio, e Dio è la saggezza. Dagli Ateniesi, con semplicità, accogliesti la cicuta: essi stessi la bevvero tutta per mezzo della tua bocca.

Nel terzo libro della *Poetica*, Aristotele scrive che Socrate fu duramente criticato da un certo Antiloco di Lemmo e da Antifonte, l'interprete di presagi, così come Pitagora da Cilone e da Onata, Omero, quando era vivo, da Siagro e, quando era morto, da Senofane di Colofone, e Esiodo vivo, da Cercope, morto, dal predetto Senofane, e poi Pindaro da Anfimene di Coo, Talete da Ferecide e Biante da Salaro di Priene, e Pittaco da Antimenida e Alceo, Anassagora da Sossibio e Simonide da Timocreonte.

I suoi successori furono chiamati Socratici. Di essi i più rappresentativi sono Platone, Senofonte, Antistene: dei dieci noti dalla tradizione, i più illustri furono Eschine, Fedone, Euclide e Aristippo.

LIV

L'Apologia di Senofonte:
una testimonianza necessaria

Introduzione alla lettura dell'Apologia di Socrate ai
giudici, di Senofonte, in appendice a questo volume

di Salvatore Primiceri

Senofonte nacque intorno al 430/425 a.C. nel demo
di Erchia e morì nel 355 circa a.C. con ogni
probabilità a Corinto. Era figlio di Grillo,
personaggio probabilmente benestante, almeno
stando alle scarse informazioni che ci sono state
tramandate. Senofonte era un uomo modesto, di
bellissimo aspetto, pio e gentiluomo. Così viene
descritto da *Diogene Laerzio* nella *Vita dei Filosofi*.
Incontrò *Socrate* all'età di vent'anni. Lo stesso
Diogene Laerzio ci racconta che un giorno Socrate
incrociò Senofonte lungo una stretta via e gli mise
il bastone di traverso per non farlo passare. Gli
chiese dove si vendesse ogni specie di alimenti.
Senofonte gli rispose, ma Socrate gli fece una
seconda domanda. Gli chiese dove gli uomini
diventassero virtuosi. Senofonte tentennò. Di fronte
allo smarrimento del giovane, Socrate disse:
"Seguimi e lo imparerai". Da allora Senofonte
diventò discepolo di Socrate. La sua ammirazione
per il maestro fu così elevata che, insieme a *Platone*,
divenne il testimone più attendibile sulla
ricostruzione del pensiero di Socrate, il quale come

sappiamo non scrisse nulla. Senofonte, invece, fu autore di quaranta libri di cui, alcuni, proprio dedicati alla vita e alla filosofia del maestro. I testi di Senofonte hanno il pregio di essere chiari ed eleganti nel linguaggio. Diogene Laerzio racconta che per la dolcezza del suo stile narrativo, Senofonte era anche soprannominato "*Musa Attica*". Molti storici si sono soffermati sul confronto tra Senofonte e Platone, preferendo per diversi motivi quest'ultimo. Non mancano, comunque, autorevoli eccezioni, come Hegel e Nietzsche, i quali hanno sottolineato l'importanza del lavoro storiografico di Senofonte. Una delle critiche attribuite a Senofonte è quella di non aver colto e trasferito nelle sue opere il metodo dialogico socratico, la maieutica, privilegiando una prosa che ci tramanda una figura di Socrate più vicina a quella di un predicatore rispetto a quella di un uomo pratico e dialogante con i propri concittadini. Platone, invece, fa emergere nelle sue opere proprio il dialogo, utilizzato dal maestro come metodo per coltivare il dubbio e la conoscenza più profonda delle cose. Affermare, però, che Senofonte non avesse colto la centralità del metodo socratico è ingeneroso nei confronti di un narratore e storico al quale dobbiamo gratitudine per le preziose informazioni che ha saputo tramandarci attraverso i suoi scritti. Infatti, nella sua opera socratica più importante, i *Memorabili*, Senofonte riporta in buona parte del testo e in modo dettagliato alcuni dialoghi del maestro tenuti con giovani interlocutori. Questo avviene, seppur in minima parte, anche nell'opera dell'*Apologia* qui riproposta. Per comprendere a pieno il valore della scrittura e delle scelte narrative di Senofonte, occorre quindi, per prima cosa, evitare il confronto con Platone[28]. Si tratta di due stili diversi che contengono, come detto, due scelte narrative diverse, entrambe necessarie e utili a fornirci un ritratto di Socrate il più possibile completo. I due autori sono quindi complementari e ci accompagnano entrambi alla scoperta del pensiero dell'uomo che fu definito dall'oracolo di Delfi, il più saggio di tutti. Mentre Platone trascrive nella forma originaria i dialoghi che hanno visto protagonista Socrate e i propri interlocutori, aiutandoci a comprendere la forza della maieutica come metodo utilizzato per sviluppare il

---

[28] Sul rapporto di gelosia tra Senofonte e Platone accenna Diogene Laerzio riportando un'affermazione di Molone: "Ma Molone fu ostile a Platone. «Non c'è da meravigliarsi, diceva, che Dionisio possa trovarsi a Corinto, ma che Platone sia in Sicilia». Pare che anche Senofonte non gli sia stato benevolo. Quasi per emularsi hanno scritto entrambi: il *Simposio*, l'*Apologia di Socrate*, e commentari etici; poi l'uno la *Repubblica*, l'altro l'*Educazione di Ciro*. E nelle *Leggi* Platone dice che l'educazione di Ciro è un'invenzione; infatti Ciro non fu tale. Entrambi menzionano Socrate, ma in nessun luogo l'uno menziona l'altro; Senofonte solo una volta nel terzo libro dei *Commentari* accenna a Platone". Inoltre sempre Diogene Laerzio rivela qualche critica di Socrate verso il Platone discepolo: "Si dice che Socrate, dopo aver sentito la lettura del Liside fatta da Platone, abbia esclamato «Per Eracle! Quante menzogne mi fa dire il giovinetto». Platone, infatti, attribuì a Socrate non poche affermazioni che in realtà quest'ultimo non aveva mai pronunciato".

ragionamento e la ricerca della conoscenza;
Senofonte si sofferma maggiormente sulle qualità
caratteriali e morali del maestro, dall'essere
esempio di uomo virtuoso alla sua coerenza etica.
Senofonte ci aiuta, quindi, a ricostruire la figura di
Socrate nel suo insieme ed utilizza necessariamente
una tecnica più descrittiva. Egli stimava così tanto il
maestro sotto il profilo della caratura morale che
volle sottolinearlo più volte nelle proprie narrazioni,
tentando nella vita pratica di assumerlo come
esempio e imitarlo il più possibile. Le parole che
Senofonte usa verso Socrate nei *Memorabili* sono
efficaci e toccanti: "*Tutti coloro che ambiscono alla
virtù continuano a rimpiangere Socrate più di ogni
altro uomo in quanto egli aiutava in sommo grado
nella pratica della virtù. Per quanto mi riguarda,
l'ho descritto per come era, un uomo talmente pio
da non fare nulla senza il consiglio degli Dei, così
giusto da non fare mai male a nessuno, neppure
nelle piccole cose, e da procurare il massimo
vantaggio a chi lo frequentava. Era così padrone di
sé da riuscire a non anteporre mai ciò che è più
piacevole a ciò che è più buono, così intelligente da
riuscire a giudicare sempre correttamente ciò che è
meglio e ciò che è peggio. Non aveva bisogno degli
altri per farlo, era in grado di conoscerli da solo e
capace di esprimere e spiegare queste cose con la
parola. Era inoltre capace di capire gli altri, di
confutarli quando sbagliavano e di indirizzarli sul
cammino della virtù. Credo che Socrate fosse come
dovrebbe essere l'uomo perfettamente buono e*

perfettamente felice. Se qualcuno è infastidito da questo, faccia il confronto con il carattere di altri e in base a questo emetta il proprio giudizio". La profonda ammirazione di Senofonte per Socrate si evince anche nel breve trattato dell'*Apologia* che ci accingiamo a leggere di seguito, quando Senofonte tesse l'elogio del maestro dopo la sua morte: *"Io, ripensando alla sua sapienza e alla sua generosità, non posso non ricordarmi di lui né, ricordandolo, fare a meno di tesserne le lodi"*. Veniamo dunque all'*Apologia di Socrate ai giudici*. Si tratta di un breve trattato in cui Senofonte ripercorre alcuni momenti del processo che ha visto coinvolto con false accuse Socrate e della conseguente ingiusta condanna a morte del sapiente maestro. L'autore nell'incipit del testo spiega il motivo per cui ha sentito l'esigenza di scrivere tale testimonianza e chiarisce quale fosse il suo intento. Egli, infatti, si dichiara consapevole che sul processo subito da Socrate e sulla successiva morte per mezzo della cicuta, il veleno che gli fu ordinato di bere, in molti avessero già scritto. Lo scopo di Senofonte è quindi quello di sottolineare quanto l'atteggiamento di Socrate durante la propria difesa, narrato dai più come altezzoso e orgoglioso, comportamento che ha reso ancor più indisposti i giudici nei suoi confronti, fosse coerente col suo pensiero e con lo stile di vita che il filosofo ha condotto per tutta la propria esistenza. Ancora una volta, quindi, si conferma il carattere storiografico dell'opera di Senofonte che si inserisce, quindi, in un quadro di complementarità con le altre testimonianze, prima fra tutte, ovviamente, la celebre "*Apologia di Socrate*" scritta da *Platone*. Inoltre, lo scrupolo di Senofonte affinché fosse più chiaro possibile come il comportamento di Socrate si inserisse coerentemente col suo pensiero e col suo stile di vita, non fa altro che confermare la stima di Senofonte per il maestro e quanto egli fosse ammirato dalla sua virtù, elemento questo che si evince in tutti gli scritti socratici di Senofonte. È l'uomo virtuoso, quindi, ad affascinare Senofonte, il quale non è disposto a tollerare fraintendimenti sul punto: "*...il mio intento non è quello di riferire tutto ciò che emerse nel processo, bensì chiarire che Socrate teneva più di ogni altra cosa dimostrare di non aver commesso empietà verso gli Dei né di essersi mai mostrato ingiusto verso altri uomini*". Nel breve saggio, dopo averne chiarito lo scopo, passa ad esaminare i motivi per cui Socrate, apparentemente, decide di non difendersi nel processo. Difatti Socrate non si avvale di avvocati, né cerca di muovere a compassione i giudici esibendo testimoni o parenti: "*per evitare la morte non riteneva di dover ricorrere alle supplicazioni, ma, anzi, riteneva che per lui fosse il momento giusto per morire*". Inoltre, rinuncia alla possibilità di proporre una pena in quanto sarebbe per lui come una ammissione di colpa. Il breve dialogo tra Socrate e l'amico *Ermógene* vuole dimostrare come l'orgoglio di Socrate di aver condotto una vita giusta e di essere arrivato alla vecchiaia senza doversi vergognare di alcuna colpa è già di per sé una difesa. Egli non ha paura della morte, anzi ne sarebbe lieto in quanto essa giungerebbe nel momento migliore. Socrate è infatti convinto che da lì in poi la sua vita potrebbe peggiorare per via dell'età in cui è più facile perdere la lucidità e commettere errori. Socrate non vorrebbe mai arrivare al punto di perdere la virtù e doversi pentire di qualche comportamento errato. L'andare incontro alla morte è per Socrate un atto di coerenza; per questo rifiuta addirittura la possibilità di evadere grazie ad un piano messo a punto da alcuni suoi amici: *"E' meglio subire un'ingiustizia che commetterla"*. Quasi si prende gioco dei suoi discepoli quando scoppiarono a piangere dopo la sentenza di condanna: *"Piangete ora? Non lo avevate compreso che la natura mi aveva condannato a morte sin dal giorno della mia nascita?"* La chiave per una vita virtuosa e giusta è quindi mantenere una linea di coerenza anche nella più grave delle avversità. La condanna subita viene letta da Socrate come un evento naturale, quantomeno possibile, se non addirittura previsto, che non deve far vergognare chi lo subisce e non deve essere eluso: *"Non ho un'opinione più bassa di me nemmeno per il fatto che muoio ingiustamente. Questo, infatti, per me non è vergognoso; piuttosto lo è per coloro che mi hanno condannato"*. Per i suoi discepoli è difficile accettare che uno Stato possa infliggere una condanna a morte ad un proprio cittadino innocente ma, Socrate appare sereno, a posto con la coscienza tanto da consolare così il suo amico Apollodoro: *"Carissimo Apollodoro, avresti preferito vedermi morire giustamente piuttosto che ingiustamente?"*. L'integrità morale di Socrate e la sua coerenza sono qualcosa di più del semplice rispetto delle leggi della città e delle decisioni dei giudici, anche se ingiuste. Sono l'esempio di come debba essere un uomo buono e giusto. Ed è proprio questo che Senofonte, con chiarezza e semplicità, ha voluto sottolineare e tramandarci, affinché tutti noi possiamo seguire l'esempio del sapiente maestro.

LXII

IL CONTESTO STORICO

Socrate visse durante un periodo di transizione, dall'apice del potere di Atene fino alla sua sconfitta per mano di Sparta e della sua coalizione nella guerra del Peloponneso. La sua nascita, tra il 470 e il 461 a.C., si colloca tra la vittoria definitiva ottenuta dai Greci nella battaglia dell'Eurimedonte, sotto la guida di Cimone, contro i Persiani, e l'ascesa al potere di Pericle. Quest'ultimo, a capo dei democratici, scatena una controffensiva a Cimone, accusato di essere filospartano per aver offerto a Sparta un aiuto per reprimere l'ennesima rivolta degli Iloti. L'esilio di Cimone e, in particolare, l'assassinio di Efialte[29] consentono a Pericle di raccogliere il testimone alla guida dei democratici. Con Pericle ha inizio in Atene una vera e propria riscossa democratica, già iniziata da Efialte con la riforma dell'Aeropago. Pericle è un aristocratico, descritto come un politico integerrimo, abile oratore, uomo colto e raffinato, membro della famiglia degli Alcmeonidi. La sua statura politica e la portata delle sue riforme in senso democratico, basate sul principio di uguaglianza di ogni cittadino[30] lo hanno reso l'emblema della

---

[29] Efialte, politico ateniese a capo della democrazia radicale è noto per la riforma dell'Areopago della polis che, nel 462 a.C., riuscì a fare approvare, dando inizio all'epoca della "democrazia radicale" ateniese del V secolo a.C.

[30] Lo status di cittadini era riservato a coloro i cui genitori erano ateniesi. Pertanto, si trattava di una minoranza della

democrazia. Se, da un lato, in politica interna, Pericle avviò numerose riforme legate soprattutto alla partecipazione popolare alla vita pubblica, in politica estera si impegnò a consolidare la potenza ateniese su tutto l'Egeo, scontrandosi con gli Spartani (prima guerra del Peloponneso) e appoggiando le rivolte degli Egiziani contro i Persiani. La strategia funzionò per un certo periodo: Atene, infatti, impose la sua egemonia su Boezia, Focide, Locride, Egina. La politica espansionistica, però, divenne troppo gravosa tanto da spingere Pericle a concordare con i Persiani la Pace di Callia (449 a. C.), che stabiliva sia la rinuncia degli Ateniesi a proseguire la politica espansionistica sul Mediterraneo, sia i Persiani a rinunciare a ogni tentativo di penetrazione dell'Egeo. Pericle dovette poi scendere a compromessi anche con gli Spartani, i quali, per un accordo di non belligeranza trentennale (445 a. C.), avrebbero mantenuto l'egemonia sul Peloponneso, mentre Atene quella sul mare. Il patto trentennale venne però infranto nel 431 a.C. a causa delle crescenti tensioni dei due imperialismi. In particolare, Atene, con Pericle, non mancò di rianimare lo scontro con Sparta, azionando una serie di provocazioni contro le alleate spartane Corinto e Megara. Nel 430 a.C. Atene venne colpita da una gravissima pestilenza

popolazione la cui composizione era principalmente rappresentata da schiavi e meteci. In questo senso il governo democratico di Atene costituiva di fatto una sorta di oligarchia.

nella quale morì lo stesso Pericle (429 a. C.). Dopo la morte di Pericle si spaccò il fronte politico e aumentò la tensione. Da una parte Cleone divenne il rappresentante dei ceti emergenti che spingevano per proseguire la guerra al fine di salvaguardare i loro interessi commerciali, dall'altro Nicia divenne capo del partito aristocratico conservatore. Ne derivò una spietata guerra civile che vide contrapposte due fazioni: i democratici filoateniesi e gli oligarchici filospartani. Dopo anni di battaglie e violenze, nel 421 a. C. venne firmata la Pace di Nicia, che lascia però nuovamente scontenta la parte degli Ateniesi che sosteneva una politica imperialistica. La fazione pacifista di Nicia dovette vedersela con la nuova fazione espansionistica, questa volta guidata dal nipote di Pericle, Alcibiade (450 a. C. – 404 a C.). Egli convinse l'Ecclesia a intervenire in Sicilia in aiuto di Segesta, minacciata da Selinunte e Siracusa, alleate di Sparta. Nel giugno del 415 a. C. la flotta ateniese, guidata da Alcibiade, Nicia e Làmaco, partì per la Sicilia ma Alcibiade dovette rientrare improvvisamente ad Atene perché coinvolto in un processo per sacrilegio. Egli, però, per sfuggire ad un'eventuale condanna a morte si rifugiò a Sparta. Qui esortò gli Spartani a riprendere la guerra contro Atene e di inviare rinforzi a Siracusa. Atene non riuscì a espugnare Siracusa e venne costretta alla resa. Nonostante la sconfitta, Atene continuò la guerra e riuscì a ottenere due vittorie navali, nel 411 a. C. e nel 410 a.C. Nel 406 a. C. Atene vinse una terza battaglia navale, quella delle Arginuse[31], ma le cospicue perdite di uomini resero la situazione sempre più drammatica. Nel 405 a. C. gli Spartani occupano l'Ellesponto dopo aver vinto a Egospotami. Atene, assediata per terra e per mare, ridotta alla fame, si arrese nel 404 a.C. Fu la fine del sistema democratico della città e l'inizio di una lunga crisi dei valori su cui Pericle aveva fondato il governo democratico. Dopo la resa di Atene, infatti, Lisandro, il generale spartano alla guida dell'assedio, impose all'Ecclesia di conferire pieni poteri a trenta oligarchi capeggiati da Crizia. Lo spietato governo che ne derivò fu ricordato come "governo dei Trenta Tiranni". In questo buio periodo soltanto tremila cittadini godettero dei diritti civili contro i quarantatremila del periodo democratico retto da Pericle. Il regime dei Trenta durò solo un anno. Nel 403 a. C., infatti, numerosi fuoriusciti rifugiati a Tebe ritornarono in patria guidati da Trasibulo. Essi provocarono una rivolta popolare, scacciarono i Trenta e ristabilirono un governo democratico. Fu in questa ultima fase, pochi anni dopo, nel 399 a. C., che Socrate fu processato e condannato a morte.

---

[31] Questa è la famosa battaglia per cui la Boulé, con l'unico voto contrario di Socrate, condannò a morte i comandanti vincitori per non aver ripescato i cadaveri delle vittime del naufragio avvenuto in battaglia.

NOTIZIA PRELIMINARE

Cenni sull'ordinamento giudiziario in Atene e sul processo di Socrate (1).

L'esercizio del potere giudiziario in Atene era commesso a 6000 cittadini, scelti a sorte annualmente, 600 per tribù, da tutta la cittadinanza, con esclusione di quelli che non avessero raggiunto il trentesimo anno d'età. Essi si obbligavano con giuramento a giudicare secondo le leggi e ascoltare imparzialmente così l'accusatore come l'accusato. Si chiamavano ' giudici ' o ' eliasti ', da ' eliea ', nome che designava così l'adunanza come il luogo in cui questa si teneva, e in particolare la maggiore tra le sedi dei tribunali ateniesi. Il numero complessivo era ripartito in dieci collegi, di 500 persone ciascuno, con un avanzo di 1000 da servire come supplenti. Ognuno di questi collegi formava un tribunale. Talora il tribunale si componeva d'un numero minore di giudici, 200 o 300; talora di più collegi riuniti insieme; di rado, di tutti i giurati. A ciascun collegio, chiamato a giudicare, era volta per volta aggiunto in più un giurato per evitare la parità dei voti. Nel giorno stabilito per il giudizio, che era pubblico e a cui soleva as-

<hr>

(1) Dall'edizione di Cron-Uhle dell''Apologia' e del 'Critone' (Leipzig u. Berlin, Teubner, 1912).

sistere un numero maggiore o minore d'uditori, secondo l'importanza del processo; a ciascun collegio veniva assegnata a sorte una delle varie sedi, in cui quel giorno dovesse adunarsi; e a ciascun giudice si dava un bastone, segno della sua potestà. Dal tempo di Pericle in poi ciascun giurato ebbe per ogni seduta un obolo, più tardi due, e, infine, su proposta di Cleone, il notissimo demagogo, tre. Questa paga, soppressa durante l'oligarchia, fu ripristinata dopo la caduta dei Trenta Tiranni.

Agli eliasti erano deferite cause d'ogni sorta, così pubbliche come private. Poichè nelle cause pubbliche la parte danneggiata era lo Stato, la multa che eventualmente fosse toccata all'accusato di pagare, andava a beneficio di esso, e l'accusatore solo in alcuni casi ne riscoteva una parte.

Ciascuna querela doveva essere sporta per iscritto davanti al magistrato, nella cui competenza cadeva l'affare che essa riguardava. I magistrati, a ciò deputati, erano soprattutto i nove arconti, raramente tutti insieme, di solito i primi tre o gli altri sei di unita. Il primo, chiamato per antonomasia 'l'arconte', riceveva le querele concernenti il diritto familiare, il secondo, l'arconte re, o 'il re' senz'altro, quelle riguardanti il culto e la religione; il terzo, il 'polemarco', quelle relative ai meteci e ai forestieri; i 'tesmóteti' — col qual nome si designavano gli ultimi sei arconti — tutte le rimanenti cause non comprese nella competenza dei tre primi.

Alla presentazione della querela assisteva, invitato dall'accusatore in presenza di testimoni, l'accusato in persona. Se la querela veniva accolta dal magistrato, si affiggeva in pubblico per darne a tutti notizia, e si fissava un giorno per l'istruzione del processo. In esso dapprima si formulava l'oggetto della controversia, e quindi ad entrambe le parti si deferiva il giuramento, perchè confermassero l'accusatore la sua querela, l'accusato la sua opposizione, che doveva anch'essa essere messa per iscritto. Inoltre, in questo periodo istruttorio

erano esibiti dalle parti i rispettivi mezzi di prova:
testi di legge, documenti, testimonianze, specie quelle
degli schiavi, raccolte mediante la tortura dinanzi a
testimoni. Queste prove, affidate al magistrato, rimanevano gelosamente custodite fino al giorno del dibatti-
mento.

In questo il magistrato, che aveva condotto l'istruzione e a cui spettava la presidenza del tribunale, si
trasferiva nella sede assegnata, dove si trovavano i
giudici eletti a sorte e dove in precedenza erano state
citate le parti. L'introduzione, come si diceva, della
causa era verosimilmente accompagnata da una ceri-
monia religiosa, dopo di che la querela e l'opposizione
venivano lette dal cancelliere, e le due parti autorizzate
a parlare.

La legge imponeva che ciascuna delle parti sostenesse
di persona il proprio asserto; chi non ne fosse capace
recitava un discorso composto da persona competente.
Era tuttavia consentito di fare intervenire degli assi-
stenti, degli avvocati, ai quali, dopo una breve esposi-
zione dell'interessato, toccava il compito principale.
L'oratore parlava da un luogo alquanto elevato, dal
' bema ', una specie di suggesto o tribuna. La durata
dei discorsi era determinata e misurata dalla clepsidra,
la cui funzione per altro rimaneva sospesa durante la
lettura, affidata al cancelliere, di qualche documento
che si credesse d'addurre.

I testimoni citati avevano l'obbligo di trovarsi presenti per confermare, occorrendo, le proprie deposizioni.
Le parti avevano il diritto d'interrogarsi a vicenda, e
l'interrogato doveva rispondere; ma nessuno dei due
avversarî poteva interrompere quello che parlava.

I giudici invece potevano interrompere l'oratore, quando
pareva loro che questi divagasse, o quando desideravano
maggiori chiarimenti. Non erano uditori pazienti, nè si
facevano scrupolo di mostrare apertamente la propria
approvazione o disapprovazione durante i discorsi delle

parti. Queste dal canto loro non esitavano a ricorrere a tutti quei mezzi che ritenevano atti a corrompere o almeno a fuorviare i giurati: cercavano di destare le passioni o la compassione, adulavano, pregavano, presentavano le mogli, i figliuoli, i genitori vecchi o privi di sostegno, amici o persone di riguardo, ecc. Tutti questi espedienti erano, pare, vietati soltanto nei giudizî che si tenevano davanti all'Areópago, e per una legge espressa.

Seguiva immediatamente, e senza una preventiva intesa, il verdetto dei giurati a voto segreto mediante ciottoli bianchi e neri, o piccoli dischi metallici pieni e bucati; parità di voti assolveva. Se l'accusatore non raggiungeva il quinto dei voti, cadeva in una multa, che nei processi di carattere pubblico era di mille dracme, e perdeva in avvenire il diritto di presentare accuse simili. E nella medesima pena incorreva, quando senza una buona ragione non compariva in tribunale, e lasciava così cader la querela, dando con ciò stesso causa vinta all'accusato, mentre questi, non comparendo, doveva attendersi d'esser giudicato in contumacia.

Al verdetto, che dichiarava se l'accusato fosse o no reo, seguiva in molti casi una trattazione circa la pena da assegnare al colpevole. Sotto questo rispetto tutti i processi si distinguevano in ' contese a pena da aggiudicare ' e ' contese senza pena da aggiudicare '. In queste ultime la pena era fissata per legge; nelle prime dai giudici secondo un apprezzamento della loro coscienza. Perciò l'accusatore alla querela scritta aggiungeva la sua proposta di pena, e l'accusato, ove la prima sentenza gli fosse riuscita sfavorevole, riaveva la parola per dire quale pena egli stimava che gli s'addicesse per il reato del quale era stato giudicato colpevole; tra le due sceglievano i giudici, che in taluni casi potevano aggravare con qualche altra pena, per esempio col carcere, quella proposta dall'accusatore. La sentenza era subito notificata dal presidente.

Le pene per i delitti di Stato erano: morte, esilio, carcere, perdita dei diritti politici, confisca delle sostanze e multe; e tutte queste, a cui per i non cittadini era aggiunta la perdita della libertà in seguito alla vendita del colpevole come schiavo, erano comprese nel linguaggio giuridico attico sotto la formula ' quel che si deve soffrire o pagare ', dove ' pagare ' si riferisce alle multe e ' soffrire ' a tutte le altre pene.

Dopo l'assegnazione della pena il condannato poteva, volendo, continuare a discorrere con quelli tra' giudici che avessero avuto qualche interesse a udirlo, sino a che non venisse chiamato dagli Undici. Era così detto il magistrato che vegliava all'esecuzione della condanna. Gli Undici venivano eletti a sorte annualmente, uno per tribù, con la giunta d'uno scriba o segretario. Soprintendevano alle prigioni, e facevano eseguire le sentenze capitali servendosi d'una pozione di cicuta.

Il processo di Socrate ebbe luogo nella primavera del 399 a. C., vale a dire circa quattro anni dopo la restaurazione del reggimento democratico in Atene. La formola originale dell'accusa, conservataci da Diogene Laerzio (II 40), suonava così: Socrate è reo di non venerare nelle debite forme e non riconoscere gli dei che la città venera (1) e d'introdurre altri enti demonici nuovi. È altresì reo di corrompere i giovani. Pena: la morte. Era dunque, un'accusa d'*ἀσέβεια*, d' ' empietà ' o d' ' irreligiosità ', con cui forse più che l'ateismo astratto si mirava a colpire soprattutto un delitto contro la religione positiva dello Stato; era, cioè, la medesima accusa

---

(1) Il verbo greco *νομίζειν*, adoperato nella formula d'accusa, valeva originariamente ' venerare ' nelle debite forme e insieme ' riconoscere ' e ' credere '.

lanciata nel 431 contro il filosofo Anasságora e nel 416 contro il sofista Protágora, e alle cui conseguenze questi due s'erano a stento sottratti l'uno, pare, per l'intervento personale di Pericle, e l'altro con l'andarsene in esilio dalla città.

La querela, in cui l'accusatore chiedeva la massima pena assegnata ai delitti di Stato, fu sporta da Meleto anche a nome di Ànito e Licone. Dei tre il primo era un giovane pressochè ignoto che s'atteggiava a poeta, l'ultimo un oratore di nessuna fama, ma Ànito un uomo politicamente di ben altra importanza. Figlio d'Antemione, e, come il padre, in origine ricco industriale e negoziante in cuoiame, stratego una prima volta nel 410, partigiano di Terámene durante l'oligarchia, esule con Trasibulo ed Archino, e con essi tornato a capo della fazione popolare che rovesciò il governo tirannico dei Trenta, e stratego per la seconda volta nel 399; era allora, e fu per qualche anno dipoi, uno dei più potenti uomini della democrazia dominante e il vero promotore e l'anima del movimento contrario al filosofo. Che avesse ragioni personali d'astio e di livore contro costui, non è provato abbastanza. Ma fieramente avverso all'indirizzo sofistico, come apparisce anche dal ' Menone ', e fors'anche di tendenze più intransigenti dei suoi colleghi Trasibulo ed Archino, egli probabilmente si lasciò vincere dal pensiero di contribuire in maniera efficace al risanamento della vita pubblica, adoperandosi a toglier di mezzo un uomo, nel quale non riusciva a vedere se non il tipico rappresentante di un pericoloso indirizzo. Si può perfino concedere che egli non volesse la morte di Socrate, e si fosse illuso che all'ultimo momento la fermezza del filosofo non avrebbe resistito a una minaccia così grave. Comunque, le cose andarono purtroppo in modo diverso. Il filosofo non si ritrasse e non piego. Su 501 votanti egli fu dichiarato colpevole con 280 voti; sicchè ebbe ragione di dire che, se Anito con la sua autorità non fosse intervenuto nel dibattito, se

soltanto un piccolo numero di voti — trenta in tutto —
si fosse spostato, Meleto non sarebbe sfuggito alla sorte
serbata ai calunniatori. Ma nella seconda votazione
— quella concernente la misura della pena — 80 voti contrarî più che nella prima caddero nell'urna, accogliendo
la pena di morte proposta dall'accusa; e questo risultato
fu certo dovuto, più che ad ogni altro motivo, alla bal-
danza con la quale Socrate dichiarò di sentirsi meritevole non di una pena, ma d'un premio, d'un posto nel
Pritaneo, il che dovè sembrare alla maggioranza dei
giudici popolari quasi una sfida e un insulto. Dopo la
condanna Socrate rimase in carcere ancora trenta giorni,
rifiutandosi d'accogliere le premure degli amici, che
avevano divisato di farlo evadere; e morì forse nel mese
di maggio o giugno dello stesso anno 399.

ARGOMENTO DELL' "APOLOGIA „

L''Apologia' consta di tre discorsi: la difesa giudiziaria propriamente detta (I-XXIV); l'aggiudicazione della pena (XXV-XXVIII); le ultime parole ai giudici (XXIX-XXXIII).

Primo discorso. — La difesa giudiziaria si distingue a sua volta in cinque parti: esordio, proposizione, prova, digressione e perorazione.

Nell'esordio Socrate, accennato all'impressione prodotta su lui dall'abile parola degli accusatori, afferma che per altro essi non han detto nulla di vero; e promette di dir lui la verità nella forma semplice e familiare che gli era abituale (I).

Nella proposizione accenna a due sorti d'accuse, che gli sono state rivolte da due diverse classi d'accusatori; e chiede che gli sia consentito di confutare dapprima le più antiche, le quali sono poi anche le più gravi e difficili a combattere (II).

Nella prova enuncia dapprima le vecchie accuse, che egli formula così: 1) d'essersi dedicato a ricerche vane e temerarie; 2) d'insegnare ai suoi discepoli il modo di far trionfare, parlando, il falso e l'ingiusto. Egli nega risolutamente l'uno e l'altro addebito; non ha mai fatto codeste ricerche, non ha mai insegnato ad altri. Ma poichè quelle accuse erano sulle bocche di moltissimi, egli sente il dovere di spiegare donde fossero nate.

E ne trova l'origine nei lunghi e pertinaci tentativi fatti da lui, per rendersi conto della ragione, per la quale egli, che pur era pienamente conscio della propria ignoranza, fosse stato dal dio di Delfi proclamato il più sapiente degli uomini. Ora egli, sottoponendo a una specie d'esame i cittadini di maggior fama in tutte le classi sociali, aveva finito per dover riconoscere che il dio non s'ingannava, in quanto che, mentr'egli non sapeva nè credeva di saper nulla, gli altri erano ben più ignoranti di lui, giacchè, non sapendo, credevano di sapere. Egli era così venuto in odio a un gran numero di persone, le quali s'immaginavano ch'egli reputasse sè sapiente in quelle cose, in cui metteva a nudo l'ignoranza degli altri; e perchè molti, specie tra' giovani che lo udivano, si studiavano a loro volta d'imitarlo (III-X).

Profittando di quest'onda d'odio, accumulatosi in molti anni sul suo capo, Meleto, Anito e Licone, erettisi a difensori delle tre classi: poeti, artefici ed uomini di Stato, maggiormente colpiti dal suo contegno, avevano, movendo dai vecchi addebiti, presentato un'accusa formale incolpandolo: 1) di corrompere i giovani; 2) di non riconoscere e venerare come dei quelli che la città credeva tali, introducendo per suo conto de' nuovi enti demonici (1). E Socrate valendosi d'una facoltà che la legge attica gli accordava, in un contradittorio con Meleto, gli prova: 1) che non ha il diritto d'accusarlo di corrompere i giovani, perchè non sa in che consista il migliorarli e chi li migliori; e posto pure ch'egli, Socrate, li corrompesse, poichè non poteva farlo volontariamente, meritava d'essere ammaestrato e ammonito, non castigato; 2) che l'accusa d'ateismo non è chiara, perchè se si vuol dire che con ciò egli guasta i

---

(1) Si noti che Socrate accortamente inverte i termini della querela presentata da Meleto (cfr. 'Notizia prelim.' p. 5), ponendo in primo luogo l'accusa di corruzione dei giovani, da cui pensa di potersi difendere più facilmente, e in secondo luogo quella più grave d'empietà.

giovani, nessuno ignora che questa dottrina, insegnata
da Anasságora, tutti possono apprenderla senza inter-
mediarî dai libri di costui; e perchè d'altronde Meleto
cade in una patente contradizione, quando ammette che
Socrate creda nei demoni, ma non negli dei, quasi che
i demoni non sieno o dei o figliuoli di Dei e sia possibile riconoscere l'esistenza dei figli e negare quella dei
padri (X-XV).

Confutate le vecchie e le nuove accuse, Socrate nella
digressione confessa di non dissimularsi il pericolo
che lo minacciava per l'odio che gli ha procurato quella
sua missione di vivere filosofando e scrutinando e am-
monendo i proprî concittadini. Ma questa missione, che
gli fu imposta dal dio, è per lui un dovere; rinunziarvi
sarebbe mancare al dovere; e ciò, a parer suo, è peggio
della morte, poichè, mentre di questa nessuno sa se sia
un bene o un male, egli sa che il venir meno al dovere
è senza dubbio un male. Egli non mancò mai al dovere,
non vi mancherà ora. — Ma gli Ateniesi lo condanne-
ranno a morte. — Pazienza! Faranno più male a sè che
a lui. E poichè gli si rimproverava d'essersi tenuto lontano dalla vita pubblica, egli dichiara che, se avesse
fatto altrimenti e disobbedîto al divieto della voce demonica, già da un pezzo sarebbe stato tolto di mezzo
e soppresso. Chi vuole serbarsi devoto alla giustizia non
può che menare vita privata. Gli si rimproverava inoltre
la condotta dei suoi discepoli, ed egli protesta ancora
una volta che non ha discepoli; che ha sempre parlato
o risposto a tutti pubblicamente e gratuitamente; che
se alcuno per effetto di questi colloquî è divenuto migliore o peggiore, egli non ne ha nè merito nè colpa,
e che da ultimo se, come asseriscono gli accusatori, egli
avesse fatto danno a qualcuno di quelli che si compiacevano della sua compagnia, ora o questi o i loro parenti non mancherebbero d'accusarlo, cosa che nessuno
di loro ha fatto (XVI-XXII).

Nella perorazione finalmente si rifiuta di ricorrere

alle solite arti per commovere i giudici, come indegne d'ogni uomo che si rispetti, e contrarie alla giustizia. Se lo facesse, mostrerebbe col fatto di non credere negli dei (XXIII-XXIV).

Secondo discorso. — Dichiarato reo, Socrate riprende la parola per dire qual pena egli proponga per sè in opposizione a quella chiesta dall'accusatore. Senonchè, dopo d'avere espressa la propria meraviglia per lo scarso numero di voti ottenuto dagli avversarî, dichiara che egli, poichè si crede non colpevole, ma benemerito della città, sente di meritare non una pena, ma un premio: il mantenimento a spese pubbliche nel Pritaneo. Non è quindi disposto ad aggiudicarsi nè il carcere nè l'esilio nè una grave multa che non potrebbe pagare. Tuttavia, poichè in fin dei conti non è un male privarsi di danaro, si piega a multarsi di quello di cui può disporre, d'una mina o al massimo di una somma di trenta mine, che i suoi amici s'offrono di sborsare per lui (XXV-XXVIII).

Terzo discorso. — Poichè la sua proposta è respinta ed accolta invece quella dell'accusa, il filosofo profitta del breve tempo, in cui sarà ancora libero, mentre il tribunale sbriga le ultime pratiche, per rivolgere poche parole a quelli che rimangono ancora desiderosi d'udirlo. Coloro che lo hanno ingiustamente condannato — egli dice — oltre ad esporre la città al biasimo dei malevoli, sono essi medesimi condannati dalla verità, e saranno puniti con ciò: che non riusciranno a sopprimere quella libertà d'indagine, di critica, di parola, che hanno voluto colpire in lui. Quelli poi che lo hanno assolto, i soli che egli degna del nome di giudici, devono confortarsi, pensando che quel che gli è capitato non è un male, giacchè, se così fosse, la voce demonica non avrebbe mancato d'avvertirnelo, e lo avrebbe trattenuto dal condursi come s'è condotto nel processo; e perchè, sia la morte un annientamento o una trasmigrazione, essa è ad ogni modo un bene. E termina esortando perciò costoro a temere non la morte, ma il venir meno al proprio dovere; e quegli altri a riprendere e ammonire i suoi figliuoli, se non saranno virtuosi, com'egli ha sempre fatto coi concittadini; e concludendo che solo il dio sa se sia meglio il morire a cui va incontro lui, o il vivere che aspetta quelli che in un senso o nell'altro lo hanno giudicato (XXIX-XXXIII).

L''Apologia' platonica, per quanto ne serbi le forme, non somiglia alle solite difese giudiziarie. All'accusa formale, presentata contro di lui, Socrate non mostra d'annettere una grande importanza; cerca di sbrigarsene in breve, e, per dippiù, senza rispondere in modo preciso ed esauriente agli addebiti che gli si movono. Meleto lo incolpava di non venerare e non credere negli dei della città, ed egli se ne scagiona provando che non è ateo; lo incolpava di corrompere i giovani, evidentemente perchè gittava nell'animo loro i semi del dubbio, della miscredenza, del disprezzo e della ribellione a tutti quelli che costituivano i principî fondamentali dell'antica educazione ateniese; ed egli cerca di giustificarsene con argomentazioni che dovevano sembrare più speciose che convincenti (1), e protestando di non aver predicato se non lo studio e l'esercizio della virtù. È quasi certo, che se egli si fosse difeso in modo più abile, perfino l'assoluzione non gli sarebbe stata negata; lo attesta lo scarso numero di voti con cui fu dichiarato colpevole, nonostante l'intervento d'un uomo del potere e dell'autorità di Anito. Ma per raggiungere un simile scopo Socrate avrebbe dovuto rinnegare tutto il proprio passato e ricorrere a tutti gli espedienti oratorî atti a commo-

---

(1) Se è certo abile il modo con cui Socrate mette Meleto con le spalle al muro, mostrando ai giudici che questi non sa chi corrompa i giovani e come si corrompano; l'altra argomentazione con cui egli cerca di provare che, quand'anche li corrompesse, non poteva farlo che involontariamente, se aveva un gran valore per Socrate, il quale era convinto che nessuno potesse fare il male volontariamente, non ne aveva alcuno per il grosso degli Ateniesi, che o non intendeva o non divideva il pensiero di Socrate.

vere o fuorviare la coscienza dei giudici. Ora quanto Socrate vi ripugnasse, più che dall'aneddoto, per lo meno poco sicuro, d'un suo rifiuto di valersi d'un discorso in sua difesa offertogli da Lisia; si rileva dal concetto ch'egli s'era formato della vera eloquenza, dell'eloquenza filosofica. Se dunque egli non si difese altrimenti, se non credette di dare gran peso alle accuse di Meleto, è perchè sentiva che il processo intentatogli non era che un episodio della lotta impegnata da lui contro tutti quelli che egli considerava come pregiudizî ed errori della società contemporanea. Erano due opposte concezioni della vita che si trovavano a fronte ed anche due diritti: quello dell'individuo che reclamava la sua libertà di pensiero e di parola; e quello dello Stato che credeva di doversi difendere contro tendenze che mirassero a dissolverlo. Perciò il pericolo vero, da cui Socrate si sentiva minacciato, nasceva soprattutto da quell'atmosfera di sospetto e d'avversione che in lunghi anni s'era venuta formando intorno alla sua persona e alla sua opera di cittadino e di educatore, e della quale poteva parere persino ch'egli si compiacesse, non risparmiando le sue censure nemmeno agli uomini più rappresentativi della politica e dell'arte. Di questo pericolo egli non si dissimula la gravità; e di qui la scarsa fiducia che ha nell'efficacia delle sue giustificazioni. Nè in realtà quei sospetti e quell'avversione erano senza un fondamento di vero. Socrate si proponeva di ricostruire su nuove basi la coscienza morale e politica dei concittadini. Per conseguire quest'ideale, che costituiva la missione e lo scopo della sua vita, doveva prima d'ogni altra cosa combattere tutto un insieme formidabile di giudizî inconsapevoli e d'opinioni largamente diffuse, su cui pur s'era retta, e in modo glorioso, come non senza ragione affermavano i lodatori del buon tempo antico, la società ateniese fin quasi ai suoi giorni. Senonchè i propositi e le intenzioni sfuggono ai più, o sono misconosciuti o disconosciuti da quelli che hanno qualche ragione o qualche interesse per avversare delle novità, di cui non è facile misurare le conseguenze. Nell'opera così tenace di Socrate il grosso pubblico non vedeva, e molte anche tra le persone d'una certa levatura, non volevano vedere altro, all'infuori di questo: che egli frattanto distruggeva; e ciò bastava perchè nell'opinione dei più venisse confuso con quei sofisti di cui era un avversario così fiero, e combattuto con un accanimento tanto maggiore, quanto più singolare era la figura di quest'uomo eccentrico, di questo ragionatore inesorabile che, sempre sotto gli occhi dei concittadini, passava le intere giornate a discutere di tutto e con tutti, e più profonda l'impressione che le sue parole producevano sugli animi d'una parte così notevole della gioventù ricca e colta, soprattutto d'Atene. E s'aggiunga come ad accrescere il malanimo contro di lui non mancassero cause di carattere più specialmente politico. Il partito popolare, tornato al governo, non ignorava la più che scarsa simpatia di Socrate per il regime democratico; e gli Ateniesi in generale non potevano aver dimenticato il male che in campi opposti avevano cagionato alla patria due uomini tra' più cospicui del circolo socratico, Critia ed Alcibiade.

Per tentare dunque di difendersi in modo efficace, ma non indegno di sè, Socrate non poteva che insistere sulla propria innocenza e sulla bontà delle sue intenzioni. E così lo vediamo in questa 'Apologia' «presentare a' giudici l'immagine intera di se medesimo, dei fini della sua vita, del valore intellettuale e morale dell'azione sua » (Bonghi). Senza dubbio, quand'egli affermava che la missione di scrutinare gli uomini e convincerli della falsità del loro sapere gli era stata imposta dall'oracolo, e aveva quindi un'origine divina; soggiaceva ad una illusione, giacchè è chiaro ch'egli dovesse essersi già fatta una certa notorietà tra' concittadini, perchè il suo amico Cherefonte s'inducesse a interrogare la Pitia. Ma questa illusione in lui, così sincero e devoto alla verità, s'era ben presto convertita in una convinzione profonda tanto da indurlo a regolare su di essa tutto il corso della sua vita e della sua operosità di risvegliatore delle coscienze. Allorchè egli tocca degli obblighi che questa missione gl'impone, allorchè s'addentra nella parte positiva della sua difesa, il tono del suo discorso, che fino allora era proceduto alquanto dimesso, lento, impacciato, diviene spedito, concitato, solenne e animato da una fede che attesta, quanto fosse alto il concetto del divino in quest'uomo che i nemici accusavano d'irreligione. Da tanti anni — dice — egli non fa che andare attorno, raccomandando a tutti d'aver cura dell'anima più che d'ogni altra cosa, poichè la virtù è il maggior bene per gli uomini; e ciò con un disinteresse di cui è prova la sua grande povertà. Sebbene alieno di proposito dalla vita pubblica, quando in obbedienza alle leggi o all'autorità ha dovuto comunque parteciparvi, nell'assemblea popolare come davanti ai tiranni, non ha mai tradito nè la giustizia nè la propria coscienza. Sul campo di battaglia non ha disertato il posto assegnatogli dai comandanti, tanto meno diserterà ora quello che gli fu assegnato dal dio. Non ha mai preferito la salvezza personale all'adempimento del dovere. Se dovesse rinunziare alla sua missione, la vita non gli parrebbe meritevole d'esser vissuta; e se a questo patto gli si promettesse l'impunità, egli non esiterebbe a respingerla senz'altro.

Dichiarato reo, diventa anche più sarcastico e aggressivo. Lungi dal riconoscersi le colpe che gli si attribuiscono, proclama altamente le proprie benemerenze verso la città; e chiamato ad aggiudicarsi una pena, afferma di sentirsi piuttosto degno di premio. Condannato a morte, non se ne duole nè se ne commove. Ha parole di aspro rimprovero verso quei cittadini che non gli hanno reso giustizia, parole d'amore e di conforto per quelli che hanno votato a favor suo; afferma che l'uomo dabbene non ha da temer nulla nè in vita nè in morte;

e questa, della quale nel suo primo discorso ha parlato
« come di cosa per la cui paura nessuno si debba di-
stogliere dal compiere il proprio dovere » e che nel secondo « è detta sola tra le pene non essere un male »,
nell'ultimo « gli appare la porta ad una beatitudine
eterna che pur non vuole nè sa definire » (Bonghi).

L' 'Apologia' platonica riproduce scrupolosamente,
per quanto almeno si poteva, la difesa di Socrate davanti ai suoi giudici? Si può, se non erro, senza esita-
zione rispondere di no. Innanzi tutto non è credibile
che Platone, altrettanto artista quanto filosofo, abbia in
quest'unico caso derogato a quell'ideale a cui s'ispirò
sempre nelle sue opere. Intanto, se il discorso posto
sulla bocca di Socrate con quella sua andatura un po'
sconnessa e in cui pare che i pensieri si succedano così
come via via si offrono alla mente dell'oratore, vuol
senza dubbio aver l'aria d'una improvvisazione; pure,
a considerarlo più addentro, rivela una struttura così
organica ed una così accorta gradazione di tono e di
colorito, che non si può non riconoscervi la mano d'un
abile artista. Ma non basta. Nell' 'Apologia' attri-
buita a Senofonte e che, se anche non è dovuta a questo
scrittore, si giova di fonti contemporanee, troviamo ri-
feriti dei tratti che discordano da talune affermazioni
di Platone. Così, secondo questo scritto, all'accusa di
non riconoscere gli dei della città e d'introdurne dei
nuovi, come all'altra di corrompere i giovani, Socrate
avrebbe risposto in modo ben diverso da quello riferito
nell' 'Apologia' platonica; e in verità quelle risposte
sono più dirette, e paiono anche più conformi alle necessità
del momento. D'altro lato però in altri punti tra le due
scritture c'è un accordo che forse non è meno signifi-
cativo. Nell'una si afferma e nell'altra si lascia intendere che il filosofo si astenne dal preparare la propria
difesa perchè dissuasone dalla voce demonica; entrambe
ci attestano com'egli vedesse la sua migliore giustifica-

zione nella coscienza della propria innocenza, con quanta fierezza prima e dopo la dichiarazione di reità parlasse ai giudici e si astenesse da ogni preghiera umiliante, con quale serenità d'animo movesse incontro al pericolo che lo minacciava, trovando la morte preferibile ad ogni altra pena; e tutteddue s'accordano nel porre in rilievo il valore che egli dava alla risposta dell'oracolo, nell'accennare al suo contradittorio con Meleto e nell'attribuirgli un terzo discorso ai giudici, per non aggiungere, a prescindere da qualche altra coincidenza, che forse non è casuale nemmeno il particolare che anche nell' 'A p o l o g i a' senofontea Socrate non si rivolge mai ai giudici chiamandoli con questo nome, com'era l'abitudine quasi costante nei tribunali ateniesi. Che cosa bisogna concludere da tutto ciò? Se non m'inganno, questo: che Platone, pure attenendosi, come doveva, nel tono e nelle linee generali a quel che egli non poteva non ricordare assai bene del discorso di Socrate; nondimeno, modificandone taluni tratti o ponendone in maggior rilievo ed aggiungendone altri, più che tentare del suo maestro una difesa giudiziariamente efficace — cosa del resto allora anche inutile — si fosse proposto di mostrarcelo quale egli lo vedeva nel momento più grave della sua vita. Platone aveva mente ben più alta e comprensiva di quella di Socrate e scriveva a distanza di alcuni anni dalla condanna di lui: due circostanze che lo mettevano in grado di valutare anche meglio il significato di quell'avvenimento e le cause, prossime e remote, da cui era stato prodotto; e data la sua tendenza a idealizzare la figura del maestro, s'intende come abbia voluto darci dell'uomo, già storicamente così grande nella sua originalità, un ritratto che agli occhi dei contemporanei e dei posteri lo presentasse soprattutto come l'immagine del vero sapiente, saldo nella sua fede religiosa, devoto al dovere, impavido di fronte alla morte.

L'APOLOGIA DI SOCRATE [1]

I. — Che impressione, Ateniesi, abbiano prodotto sui vostri animi i miei accusatori, non so. Quanto a me, ascoltandoli, per poco non mi sono dimenticato di me stesso; tanto persuasivamente parlavano. Eppure non hanno detto, per così dire, una parola di vero. Soprattutto delle molte menzogne loro una m'ha sorpreso più delle altre, questa: v'hanno detto che dovevate stare in guardia per non esser tratti in inganno da me, che sono un parlatore abilissimo. Poichè il non vergognarsi d'essere immediatamente sbugiardati da me col fatto, quando io v'appaia nè punto nè poco abile nel parlare; questa m'è parsa la più spudorata delle menzogne... a meno che costoro non chiamino abile parlatore chi dice la verità. Se vogliono intender questo, posso convenire anch'io d'essere un oratore, non però della loro scuola. Costoro dunque, come io dico, non hanno detto nulla o quasi nulla di vero; da me invece voi sentirete tutta la verità; non certo, per Zeus, o Ateniesi, dei discorsi, come i loro, abbelliti o adorni di frasi e di vocaboli, ma sentirete cose dette alla buona, con le parole che mi vengono sulle labbra. Confido infatti di dir cose giuste; e nessuno di voi s'aspetti altro da me. Giacchè, cittadini, alla mia età non sarebbe neppur conveniente

----

(1) Dal testo di Burnet, t. I (Oxford, 1905).

ch'io venissi qui a tenervi, come un giovanotto, dei discorsi abilmente torniti. Anzi, Ateniesi, questo io vi chiedo, e ve ne prego vivamente: che, ove mai mi sentiate difendermi in quella stessa forma, con cui son solito di parlare e in piazza presso le tavole dei banchieri, dove molti di voi mi hanno udito, e altrove, non ve ne meravigliate nè facciate rumore per questo. Poichè è così: a settant'anni, è oggi la prima volta che vengo quassù in tribunale; son quindi addirittura forestiero al modo di parlare che s'usa qui. Come dunque, s'io fossi realmente un forestiero, voi certo mi perdonereste, se vi parlassi in quella lingua e a quella maniera, in cui fossi stato allevato; così appunto ora vi chiedo una cosa, se non erro, giusta: di non badare alla forma del mio dire — peggiore o migliore che sia — e guardare soltanto a questo, e solo a questo attendere: se dico delle cose giuste o no, poichè questa è la virtù del giudice; dell'oratore, quella di dire la verità.

II. — Dunque, innanzi tutto, Ateniesi, è giusto che io mi difenda contro le prime accuse bugiarde e i primi accusatori; poi, contro le accuse e gli accusatori venuti dopo. Poichè molti son quelli che mi hanno accusato a voi e da gran tempo e per molti anni e senza dir nulla di vero; e costoro mi fanno paura più d'Anito e compagni (1), sebbene anche questi sieno temibili. Ma più temibili quelli, o cittadini, che impadronendosi dei più di voi da fanciulli, vi persuadevano e m'accusavano contro ogni verità: che c'è un certo Socrate, un sapiente, studioso delle cose celesti e indagatore di tutte quelle di sotterra, che sa render più forti le ragioni più deboli. E costoro, o Ateniesi, questi che hanno diffuso siffatte voci, sono i miei accusatori temibili, perchè quelli che li odono ritengono che chi attende a codeste ricerche non creda neanche nell'esistenza degli dei. E poi questi accusatori son molti, e mi vengono accusando già da gran tempo, e ne par-

____

(1) Sugli accusatori di Socrate cfr. la 'Notizia prelimin.', p. 8.

lavano per giunta con voi in quella età, nella quale voi, perchè in parte fanciulli e giovanetti, eravate più inclini a credere, mentre io ero accusato in contumacia senza che nessuno mi difendesse. E il più assurdo è questo: che non è possibile conoscere o citare nemmeno i loro nomi, se non forse quello di qualche commediografo. Ma quanti, o per invidia e ricorrendo alla calunnia, o perchè persuasi essi medesimi, cercavano di persuadere altri, tutti questi sono assolutamente fuori presa. Non è difatti possibile nè menarne qui nè redarguirne alcuno; ma è necessario difendersi addirittura come battagliando con ombre, e redarguire senza che nessuno risponda. Vogliate perciò anche voi riconoscere che io, come dico, ho a fronte due specie d'accusatori: gli uni, quelli che m'hanno accusato testè; gli altri, quei primi, a cui accennavo; e ammettere ch'io devo dapprima difendermi da questi, giacchè anche voi avete sentito prima le accuse di costoro, e assai più a lungo, che non quelle degli altri venuti dopo.

E sia. Sicchè, Ateniesi, io devo pur difendermi e 19 tentare di svellere dal vostro animo quella calunnia che vi si è radicata in tanto tempo, e farlo in così breve tempo. E certo vorrei ben riuscirvi, se questo è il meglio per voi e per me, e se il difendermi sarà per me un vantaggio. Tuttavia vedo la cosa difficile, e non mi sfugge la realtà. Comunque, vada come al dio piace. Io non devo che obbedire alla legge e difendermi.

III. — Risaliamo dunque all'origine: qual è l'accusa da cui è nata la calunnia contro di me ed alla quale poi anche Meleto prestando fede, m'ha intentato questo processo? Vediamo. Che calunnie diffondevano contro di me quelli che mi calunniavano? Ebbene, come d'accusatori, conviene ch'io vi reciti la formula dell'accusa, ⟨quale essi l'avrebbero potuta presentare e confermare con giuramento:⟩ Socrate è colpevole e fa ciò che non dovrebbe, indagando le cose di sotterra e le celesti, rendendo più forti le ragioni più deboli e insegnando agli altri a fare lo stesso (1). Tale suppergiù l'accusa. Ed è quello che anche voi vedevate nella commedia d'Aristofane (2): un tal Socrate, portato lì attorno, che dice di vagare per l'aria e ciancia di tante altre ciance di cui io non m'intendo nè molto nè poco. E non parlo così perchè io tenga a vile codesta scienza, se c'è chi la possegga; oh! per me, non vorrei davvero tirarmi addosso sì gravi accuse da Meleto. Ma la verità è, Ateniesi, che di simili cose non m'impaccio punto. E ne cito a testimoni i più di voi, e voglio che v'insegniate a vicenda e v'informiate, quanti mai m'avete udito discorrere; e qui tra voi ce n'è molti. Informatevi dunque a vicenda, se giammai qualcuno di voi m'abbia udito ragionare o poco o molto di siffatti argomenti, e da ciò conoscerete che la stessa fede meritano anche le altre voci che corrono sul conto mio.

IV. — La verità è che di tutto questo non esiste nulla; e neppure se da qualcuno avete udito ch'io m'ingegno d'educare gli altri e mi fo pagare, neppur ciò è vero, sebbene anche questa mi sembri una bella cosa, ove uno sia in grado d'educare altri, come Gorgia da Leontini, Pródico da Ceo e Ippia da Élide (3). Difatti ognuno di costoro, o cittadini, andando dall'una all'altra città, i giovani — che pur potrebbero senza spesa giovarsi della consuetudine di chi meglio credessero tra' concittadini — essi li persuadono a rinunziare alla compagnia di questi, a frequentare la

20

---

(1) Queste calunnie naturalmente correvano sulle bocche dei nemici di Socrate in forma assai vaga. Per combatterle Socrate le formula in modo preciso, come avrebbero potuto e dovuto fare quelli che le diffondevano, se avessero in realtà presentato una querela contro il filosofo.

(2) Le 'Nuvole', recitate nel 423 a. C., vale a dire 24 anni prima del processo di Socrate.

(3) Su Gorgia cfr. la mia versione del ' Fedro ' (Torino, Paravia edit.), p. 65, e quella dell' 'Ippia maggiore' (Paravia ed.), p. 18; e su Ippia i due dialoghi che ne portano il nome, e anche la mia versione del ' Protágora ' (*ibid.*).

propria, riscotendone un compenso in danaro, e a rimanerne loro grati. C'è qui anzi un altro dotto uomo da Paros, venuto tra noi, come sentii per essermi incontrato in uno che ha speso per i sofisti più che tutti gli altri insieme, in Callia d'Ipponico (1). Orbene, io gli domandai — chè ha due figliuoli — Callia, gli dissi, se i tuoi figliuoli fossero puledri o vitelli, noi potremmo prender loro e pagare un soprastante che fosse in grado di renderli eccellenti nella virtù conveniente ad essi; e questi sarebbe un cavallerizzo o un agricoltore. Ora, poichè sono uomini, a chi ti proponi di affidarne la cura? Chi è competente in questa virtù, umana e civile? Ritengo che tu ci abbia pensato, poichè hai dei figli. Ce n'è qualcuno o no?, diss'io. « Certamente », rispose. E chi?, chiesi, e di che paese e a quanto insegna? « Eueno da Paros, Socrate, e per cinque mine », mi disse (2). Al che dichiarai che Eueno era ben fortunato, se davvero possiede quest'arte e l'insegna così a modo. E me ne farei bello anch'io e ne sarei orgoglioso, se la conoscessi. Ma purtroppo, Ateniesi, non la conosco.

V. — Qui forse qualcuno di voi osserverà: « Ma Socrate, che fai tu dunque? Donde ti son nate codeste calunnie? Poichè certo, se tu non ti dessi brighe che gli altri non si danno, se non facessi nulla di diverso dalla gente, codesta voce e codesto discorso non sarebbero poi nati. Dicci dunque che c'è di vero, affinchè non si giudichi di te a caso ». Chi dice così, dice, mi pare, una cosa giusta; ed io mi studierò di esporvi che è mai ciò che m'ha procurato un tal nome e una tale calunnia. State dunque a sentire; e forse ad alcuno di voi parrà ch'io scherzi; ma, siatene certi, vi dirò tutt'intera la verità. Io, Ateniesi, per null'altro mi sono acquistato questo nome, se non per una certa sapienza. Ma quale

---

(1) Su questo ricchissimo ateniese cfr. la cit. versione del 'Protágora'.
(2) Sofista e poeta. — La mina valeva 100 dracme e la dracma circa 90 cent. della lira oro.

sapienza? Una sapienza forse umana. Ed in questa io rischio d'essere davvero sapiente, mentre costoro forse, a cui testè accennavo, sarebbero sapienti d'una sapienza più che umana; o non so cosa dire, giacchè io per me di questa non ne so nulla; e chi lo afferma, mentisce, e lo dice per calunniarmi. E voi, Ateniesi, non mi fate chiasso, neanche se vi sembri ch'io dica qualcosa di grosso. Giacchè quelle che sto per dirvi non sono parole mie, ma le riferirò a chi le ha dette ed è ben degno che gli prestiate fede. Perchè di questa mia, se è davvero sapienza e quale, io v'addurrò a testimone il dio di Delfi. Cherefonte, penso, voi lo

21 conoscete. Questi era mio amico fin da giovane, e amico de' popolari tra voi, e ne divise l'esilio recente e ritornò con voi. E voi sapete bene qual era Cherefonte: tutto impeto in ogni sua impresa (1). Sicchè un giorno, andato a Delfi, osò interrogare l'oracolo su questo — e, come dico, non fate chiasso, cittadini — dimandò dunque, se ci fosse qualcuno più sapiente di me. Ebbene, la Pitia rispose che più sapiente non c'era nessuno (2). E di ciò vi farà testimonianza suo fratello ch'è qui, poichè egli è morto.

VI. — E badate perchè dico questo; perchè voglio spiegarvi donde mi sia nata la calunnia. Difatti io, udito ciò, cominciai a pensare: Che cosa mai vuol dire il dio e a che allude con le sue parole? Perchè, quanto a me, certo ho coscienza di non esser sapiente nè molto nè poco. Che cosa dunque vuol dire, quando

---

(1) Durante la tirannide dei Trenta furono banditi o fuggirono da Atene molti cittadini del partito democratico, che più tardi sotto la guida di Trasibulo e d'Archino assalirono la città e rovesciarono l'oligarchia. Tra quelli che andarono in esilio, come accenna Socrate, fu Cherefonte, uno dei più devoti e ardenti amici del filosofo, e come tale, fatto segno a frequenti attacchi dai comici. Il fratello di lui, a cui s'accennerà più giù, si chiamava Cherécrate.

(2) La risposta della Pitia sarebbe stata espressa in un distico che diceva: «Sapiente è Sofocle, più sapiente Euripide, ma più di tutti gli uomini è sapiente Socrate», o anche in un verso solo: «Più di tutti gli uomini è sapiente Socrate». In forma alquanto diversa è riferita da Senofonte nella sua 'Apologia'.

afferma ch'io sono più sapiente di tutti? Che men-
tisca, non può essere, perchè non gli è lecito. — E per
lungo tempo rimasi in dubbio, che cosa mai volesse
dire. Dipoi, molto a malincuore, mi volsi a investi-
gare il significato delle sue parole in questo modo:
me n'andai da uno di quelli che hanno fama di sapienti, fiducioso di potere costì, se, altrove mai, cogliere in fallo il vaticinio e dir chiaro all'oracolo:
Questi è più sapiente di me, e tu dicevi ch'ero io. —
Esaminando dunque a fondo costui — il suo nome è
inutile farlo; era, Ateniesi, uno degli uomini politici
quello nel cui esame e col quale ragionando m'occorse
il caso — mi sembrò che quest'uomo paresse sapiente
a molti altri e soprattutto a se stesso, ma non fosse.
E allora m'ingegnai di dimostrargli come egli credesse, sì, d'esser sapiente, ma non fosse; e la conseguenza fu che venni in uggia a lui e a molti tra gli
astanti. Sicchè, nell'andarmene via, tra me e me dicevo: Di quest'uomo son più sapiente io. Poichè, c'è
pericolo che nessuno di noi due sappia nulla di bello e
di buono; ma costui crede di sapere qualcosa e non
sa, mentre io, come non so, non credo neanche di sapere. E però forse io sono almeno in questo, per poco
che sia, più sapiente di lui: che ciò che non so, non
credo neppure di saperlo. — E di lì me n'andai da un
altro di quelli che passavano per essere anche più
sapienti del primo, e la mia conclusione fu la stessa;
e così venni in uggia a lui e ad altri molti.

VII. — Dopo ciò seguitai per ordine il mio giro; e pur
sentendo e addolorandomi (1) e temendo di divenire
uggioso, nondimeno mi pareva necessario di fare il
maggior conto della parola del nume, e, per vedere
che volesse dire l'oracolo, di dover dunque andare da
tutti quelli che avevano riputazione di sapere qualcosa. E, giuralcane, Ateniesi — giacchè devo dirvi la 22
verità — m'avvenne suppergiù questo: quelli che go-

---

(1) Seguo la lezione: *καὶ λυπούμενος.*

devano maggior fama, per poco non mi parvero i più
in difetto, a me che li scrutinavo giusta la mente del
dio, laddove altri, tenuti da meno, mi sembrarono
superiori quanto a saggezza. E bisogna pure ch'io vi
racconti di questo mio vagare e dei travagli durati
affinchè l'oracolo mi riuscisse inconfutabile. Così dagli
uomini di Stato passai ai poeti, ai tragici, ai ditiram-
bici e agli altri, convinto che qui mi sarei colto sul
fatto più ignorante di loro. Prendendo perciò in mano
quei loro poemi, che mi parevano lavorati con più
cura, domandavo ad essi che cosa volessero dire, anche
per imparare ad un tempo qualche cosa da loro. Ebbene, cittadini, io mi vergogno di dirvi la verità, ma
devo dirla: degli argomenti, trattati da loro in quei
poemi, tutti, sto per dire, i presenti ragionavano meglio di loro. Sicchè anche dei poeti io conobbi in
breve questo: che non per sapienza poetavano come
poetavano, ma per certa natura e ispirazione divina,
come i profeti ed i vati, giacchè questi pure dicono
tante belle cose, ma poi non sanno nulla di quel che
dicono. E questo mi parve suppergiù anche il caso dei
poeti; e m'avvidi ad un tempo che essi per via della
poesia credevano d'essere tra' più sapienti uomini
anche nelle altre cose in cui non erano. Andai via,
insomma, anche di là con la convinzione d'avere su
loro lo stesso vantaggio che sui politici.

VIII. — Sicchè finii per recarmi dagli artefici. Per me,
io avevo coscienza, per così dire, di non saper nulla;
e questi invece ero certo di trovarli esperti di molte
e belle cose. E in ciò, veramente, non m'ingannai; sapevano quello che non sapevo io, e in questo erano
più sapienti di me. Però, Ateniesi, m'avvidi che anche
i buoni artefici peccavano dello stesso peccato dei
poeti; perchè sapevano lavorare egregiamente nella
propria arte, ognuno di loro presumeva d'essere sapientissimo in tutte le altre cose, anche le più gravi;
e questa illusione gittava nell'ombra il loro sapere;
talchè io, in pro dell'oracolo, venivo chiedendo a me
stesso, se fosse per me preferibile di rimanere così

come sono: nè sapiente della loro sapienza, nè ignorante della loro ignoranza, o avere tutte e due le qualità che quelli avevano. E, infine, risposi a me stesso e all'oracolo, che per me era meglio rimaner come sono.

IX. — Orbene, da questa disamina, Ateniesi, mi piovvero addosso tante inimicizie, e così aspre e gravi, da nascerne molte voci calunniose e questo mio nome di sapiente. Giacchè ogni volta gli astanti credono che sappia io quelle cose in cui convinco gli altri d'errore, mentre, cittadini, è credibile che il vero sapiente sia il dio, e che con quella sua risposta e' voglia dir questo: che la sapienza umana val poco, anzi niente; e sembra manifesto che non intenda parlare di me Socrate (1), ma si valga del mio nome a mo' d'esempio, quasi volesse dire, che « Quello tra voi, o uomini, è sapientissimo, il quale, come Socrate, abbia conosciuto di non valere in fatto di sapienza assolutamente nulla ». E perciò questa ricerca e questa indagine secondo la mente del dio io vado intorno tuttora a farla su chiunque, cittadino o forestiero, io creda sapiente; e sempre che non mi paia, io, venendo in aiuto del nume, dimostro che sapiente non è. E per questa occupazione mi è mancato l'agio di far nulla che meriti d'esser ricordato, così nella vita pubblica come nella privata; ma vivo nella maggiore povertà per ossequio al dio.

X. — Ma c'è dippiù. I giovani che spontaneamente mi seguono — e son quelli che soprattutto ne hanno l'agio, i figliuoli dei più ricchi — si compiacciono a sentire scrutinate le persone, ed essi medesimi spesso m'imitano e si provano a scrutinarne altre; e così, se non erro, trovano un gran numero di uomini che credono di sapere, ma in realtà sanno poco o nulla. Di qui, dunque, gli scrutinati da loro se la pigliano con me, non con se stessi, e vanno spargendo che c'è un certo Socrate, birbante matricolato, che corrompe i giovani.

____

(1) La lezione non è sicura. Leggo: τοῦτ' οὐ λέγειν τὸν Σωκράτη.

Senonchè, ove qualcuno chieda loro: « Facendo e insegnando che cosa? », non sanno che rispondere, e lo ignorano ; ma, per non sembrare a corto d'argomenti, ripetono le accuse alla mano contro tutti i filosofi: « Insegnando », dicono, « le cose celesti e quelle di sotterra e a non credere negli dei e a render più forti le ragioni più deboli ». Ma la verità, secondo me, non possono volerla dire: che si son palesati persone che presumono di sapere, ma non sanno. E poichè, a parer mio, sono ambiziosi e violenti e numerosi, e parlano di me con passione e in modo persuasivo, v'hanno riempito gli orecchi, calunniandomi da gran tempo e fieramente. E su ciò, ecco, Meleto mi si è scagliato contro e Anito e Licone: Meleto che m'ha in uggia per conto dei poeti, Anito degli artefici e dei politici, e Licone degli oratori. Sicchè, come dicevo da principio, mi meraviglierei se fossi buono a trarvi dall'animo in così breve tempo questa opinione calunniosa che si è così ingigantita. Eccovi, Ateniesi, la verità. Io vi parlo senza nascondervi o dissimularvi proprio nulla, sebbene io sia quasi certo che perciò appunto vado incontro al loro odio. E questa è un'altra prova ch'io dico il vero e che tale è l'accusa contro di me e tali precisamente le cause. Che vi mettiate a cercarle ora o poi, non ne troverete altre.

XI. — Circa, dunque, le accuse dei primi accusatori, questa mi pare una difesa sufficiente dinanzi a voi. Dopo di che, da Meleto, onest'uomo e amico della città, secondo afferma lui, e dagli accusatori sorti dipoi tenterò ora di difendermi. E daccapo, come di altri accusatori, prendiamone la querela giurata, che è suppergiù questa: Socrate, dice, è colpevole di corrompere i giovani e di non venerare e non ammettere gli dei che la città venera, bensì altri esseri demonici nuovi. Questa l'imputazione; esaminiamola ora capo per capo. Afferma dunque ch'io son colpevole di corrompere i giovani. Ed io, Ateniesi, invece affermo che colpevole è Meleto, il quale scherza sul serio, trascinando alla leggiera in giudizio la gente per darsi l'aria d'interessarsi e d'avere a cuore certe cose, di cui non s'è punto giammai curato. E che sia proprio così, mi sforzerò di provarlo anche a voi.

XII. — Qua, Meleto, dimmi: non vuoi tu soprattutto che i giovani diventino quanto migliori è possibile?

Io sì.

Ebbene, di' a costoro chi li rende migliori, chè già tu lo devi sapere, se ti sta a cuore. Poichè, per avere scoperto in me, come asserisci, chi li corrompe, m'hai tratto dinanzi a costoro e m'accusi; suvvia dunque, di' loro chi li rende migliori e addita ad essi chi è. — Non vedi, Meleto, che taci e non sai che rispondere? E non ti pare che sia vergognoso per te e una prova sufficiente di ciò che dico io: che non te ne sei mai curato? Ma di', galantuomo: chi li rende migliori?

Le leggi.

Ma non è questo che ti domando, eccellente uomo; sì bene chi è colui che innanzi tutto conosca appunto questo: le leggi.

Costoro, Socrate, i giudici.

Come dici, Meleto? Costoro sono in grado d'educare i giovani e li rendon migliori?

Sicuro.

Ma tutti, o taluni di loro sì e altri no?

Tutti.

Che lieta parola, per Era, e quanti capaci di giovare! E poi? Questi qui, gli uditori, li rendono anch'essi migliori i giovani, o no?

Anch'essi.

E i consiglieri?

Anche i consiglieri.

Ma allora, Meleto, che i giovani li corrompano i cittadini che costituiscono l'Assemblea? o anch'essi tutti li fanno migliori?

Essi pure.

Sicchè tutti, pare, gli Ateniesi rendono ottimi i giovani, all'infuori di me, ed io solo li corrompo. Non è così?

Lo affermo con tutte le mie forze.

Che grande sfortuna hai saputo cogliere in me! E rispondimi: anche de' cavalli ti pare che avvenga lo stesso? che tutti li rendano migliori e un solo li corrompa? o che, al contrario, c'è un solo, o al massimo pochi, i cavallerizzi, capaci di farli migliori, mentre i più, quando hanno a fare coi cavalli e se ne servono, li guastano? E non avviene lo stesso, o Meleto, e de' cavalli e di tutti gli altri animali? Non c'è dubbio, vogliate o no riconoscerlo tu ed Anito; chè sarebbe gran fortuna pei giovani se fosse un solo a corromperli e gli altri tutti a migliorarli. Evvia, Meleto, si vede abbastanza che non ti sei mai dato alcun pensiero dei giovani, e mostri chiaro di non aver mai rivolto le tue cure a quelle cose per cui mi hai tratto davanti a costoro.

XIII. — E dimmi inoltre, Meleto, in nome di Zeus: è meglio vivere tra cittadini buoni o tra cattivi? Amor mio, rispondi: non ti chiedo nulla di difficile. I cattivi non fanno del male a quelli che son sempre i più vicini a loro, e i buoni del bene?

Senza dubbio.

E c'è forse chi voglia da quelli, con cui vive, aver piuttosto danno che giovamento? Rispondi, brav'uomo, giacchè anche la legge impone che si risponda. C'è chi voglia averne danno?

No, davvero.

Ebbene, m'hai tu tratto qui come uno che corrompa i giovani e li renda peggiori volendo, o senza volerlo?

Volendo, certo.

E che, Meleto? tu, così giovane, sei tanto più savio di me, così vecchio, che, mentre tu sai che i cattivi fanno sempre del male a quelli che sono i più vicini a loro, e i buoni del bene; io invece son giunto a tal grado d'incoscienza da ignorare persino che, quando io abbia reso malvagio qualcuno dei miei compagni, correrò il rischio di riceverne male, talchè faccio volontariamente un male così grande, come tu asserisci?

Questo, Meleto, non te lo credo io e non lo crederà, penso, nessun altro. Ma o io non li corrompo, o, se li corrompo, lo fo senza volerlo, sicchè nell'uno e nel- 26 l'altro caso tu menti. Ora, se li corrompo involontariamente, di siffatte [e involontarie] colpe non è legge che si chieda conto qui, ma bensì che si prenda il colpevole in privato e gli s'insegni e s'ammonisca. Giacchè, è chiaro che, quando io abbia imparato, smetterò di far ciò che ora faccio senza volerlo. Tu invece hai scansato di trovarti con me e d'insegnarmi, e non hai voluto, e mi deferisci poi a questo tribunale, dove è legge che sieno tratti quelli che hanno bisogno non d'insegnamento, ma di pena.

XIV. — Sicchè, Ateniesi, è già manifesto quel che dicevo: che di tali cose Meleto non s'è mai curato nè punto nè poco. Tuttavia dicci: come affermi tu, Meleto, ch'io corrompa i giovani? Perchè, evidentemente, ai termini dell'accusa che hai presentata, insegno a non ammettere e venerare gli dei che la città venera, ma altri enti demonici nuovi? Non dici tu che, insegnando questo, io li corrompo?

Sì, sì; lo affermo con tutta l'anima.

Oh! dunque, Meleto, in nome di questi dei, di cui ora si ragiona, parla anche più chiaro a me e a tutti costoro. Giacchè io non riesco a intendere se vuoi dire ch'io insegni a credere che degli dei ci sono — e quindi io stesso creda che dei ci sono, e non sia addirittura un ateo, nè in ciò colpevole — ma non quelli in cui la città crede, bensì altri, e se è questa appunto l'accusa che mi muovi: d'introdurne altri; o se affermi recisamente ch'io non credo punto negli dei, e questo insegno agli altri.

Sì, questo dico: che tu addirittura non credi negli dei.

O meraviglioso Meleto, e perchè dici così? Dunque, a differenza degli altri, io non credo che sieno dei neppure il sole e la luna?

No, per Zeus, o giudici, poichè afferma che il sole è un sasso e una terra la luna.

Mio caro Meleto, pensi tu forse d'accusare Anasságora? (1). E tieni tu in tanto dispregio costoro e tanto li stimi digiuni di lettere, da ignorare che i libri d'Anasságora il Clazomenio riboccano di codesti discorsi? Oh! sì, davvero! I giovani apprendono da me anche questo, che ognuno può, quando capita, al più per una dracma, comperare in teatro (2) e rider di Socrate, se spaccia per sue queste dottrine, così singolari per giunta! Ma, in nome di Zeus, ti par proprio così? ch'io creda che non esista nessun dio?

No, per Zeus, no; proprio nessuno.

Tu, Meleto, non meriti fede, mi pare, neanche da te stesso. Perchè costui, Ateniesi, non è, secondo me, che un tracotante e uno spudorato; e codesta accusa l'ha presentata addirittura per una tracotanza e impudenza giovanile. Egli in realtà m'ha l'aria d'uno che componga come un indovinello, per prova: « Vediamo un po', se questo sapiente di Socrate s'avvedrà ch'io fo per gioco e mi contradico, o se riuscirò a metter nel sacco e lui e gli altri che ascoltano ». Giacchè mi par chiaro ch'egli si contradica nell'accusa, come se dicesse: « Socrate è reo non credendo nell'esistenza degli dei, ma credendo nell'esistenza degli dei ». Ora questo è da uomo che fa per gioco.

XV. — E vogliate considerare con me, cittadini, perchè mi sembri tale il senso delle sue parole. E tu, Meleto, rispondici. Ma voi, come vi pregavo da principio, ricordatevi di non farmi chiasso, s'io discorro al modo

---

(1) Il filosofo Anasságora da Clazómene, nell'Asia Minore, riteneva che il sole fosse una massa o una pietra incandescente, maggiore del Peloponneso, e la luna avesse abitazioni e monti e voragini.

(2) Il testo dice: « dall'orchestra », onde alcuni hanno creduto che o nell'orchestra del teatro di Dióniso, quando non c'erano rappresentazioni, o in un luogo presso il mercato, detto orchestra, si mettessero in vendita le opere degli scrittori. Preferibile è però intendere l'espressione nel senso di: « nel teatro ». L'orchestra era difatti il luogo destinato al coro; e nei canti corali i poeti, soprattutto Euripide, si compiacevano di accennare alle nuove e ardite dottrine filosofiche. Il prezzo solito d'un posto in teatro era di due oboli (circa sei soldi); ma si può ritenere che i posti migliori fossero messi in vendita dall'impresario ad un prezzo più alto, sino a quello d'una dracma.

abituale. Può mai esserci, Meleto, chi creda che ci sieno dei fatti umani, ma non degli uomini?... Risponda, cittadini, e non si dimeni e schiamazzi. Ci può essere chi creda che non ci sieno cavalli, ma sì cose attinenti ai cavalli? o flautisti no, ma cose attinenti ai flauti sì? Non è possibile, o fior di galantuomo. Se non vuoi risponder tu, lo dico io a te e a tutti costoro. Ma rispondi almeno a quest'altra domanda: ci può esser chi creda che ci sieno fatti demonici, ma non demoni?

Non è possibile.

Che piacere m'hai fatto d'avermi pur risposto a fatica, premuto da costoro! E così tu affermi ch'io credo ed insegno che ci son fatti demonici, siano pure nuovi o vecchi, ma ad ogni modo io credo, secondo te, che codesti fatti esistono; e questo l'hai giurato anche nella tua querela. Ora, se credo che esistono fatti demonici, è assolutamente necessario ch'io creda che ci sieno anche demoni; non è forse così?... Così è, certo. Ritengo che ne convieni, dacchè non rispondi. E i demoni non li stimiamo forse o dei o figliuoli di dei? Sì o no?

Sicuro.

Dunque s'io, come affermi, credo nell'esistenza di demoni, posto che i demoni sieno comunque dei, ecco in che consisterebbe, secondo me, il tuo parlare per enigmi e per gioco: nell'affermare che io, mentre penso che dei non esistano, penso poi viceversa che esistano, poichè credo nell'esistenza dei demoni. E se invece i demoni sono suppergiù figliuoli spurî di dei, avuti o da ninfe o da altre creature, come anche si racconta; in tal caso chi mai al mondo penserebbe che ci sieno, sì, figliuoli di dei, ma non dei? Sarebbe senza dubbio altrettanto assurdo, come credere che ci sieno figli di cavalli e di asini, i muli, ma non già cavalli ed asini. Via, Meleto, non è possibile che tu abbia presentato quest'accusa altrimenti che per metterci a prova, o perchè non sapevi di qual vero reato incolparmi. Ma che tu riesca a persuadere un uomo, anche di poco cervello, che la medesima persona possa credere nell'esistenza di fatti demonici e divini e non credere invece nell'esistenza nè di demoni, nè di dei, nè d'eroi, oh! questo poi sfida qualsiasi abilità di parola.

28

XVI. — Sicchè, Ateniesi, a provare che non sono colpevole del reato di cui mi accusa Meleto, credo che non occorra una lunga difesa, ma basti pure ciò che ho detto. Però quello a cui ho accennato anche da principio: che molta avversione ed in molti s'è accumulata contro di me; questo, sappiatelo, è verissimo; ed è ciò che mi perderà, dato che mi perda; non Meleto nè Ànito, ma la calunnia e il malanimo della gente. Questo ha già perso molti altri valentuomini, e ne perderà, credo, anche in avvenire. Oh! non c'è pericolo che si fermi in me.

Qui forse qualcuno potrebbe chiedermi: « E non arrossisci, Socrate, d'esserti scelto codesto tenore di vita per cui oggi vai a rischio di morire? ». Ora a costui io potrei giustamente rispondere: Tu, amico, non parli bene, se credi che debba tener conto del pericolo di vivere o di morire un uomo di qualche valore, per piccolo che sia, piuttosto che considerare soltanto, se, quando opera, operi secondo giustizia o no, e se faccia azioni degne d'un uomo dabbene o d'un malvagio. A darti retta, sarebbero degli stolti quei semidei che caddero dinanzi a Troia, e specie il figliuolo di Tétide, il quale sprezzò tanto il pericolo di fronte al sottostare a qualcosa di disonorevole, che, quando la madre — una dea, badate! — a lui, impaziente d'uccidere Ettore, gli ebbe detto, com'io suppongo, a un dipresso così: « Figlio mio, se vendicherai la morte di Patroclo, l'amico tuo, e ucciderai Ettore, morrai tu pure,

> chè d'Ettore alla morte la tua seguirà senza indugio »;

egli, pure avendo udito ciò, non si curò nè della morte nè del pericolo, ma temendo assai più il viver da vile e il non vendicare gli amici: « Oh! », rispose,

« ch'io muoia pur subito, quando avrò punito il colpevole, affinchè io non rimanga qui deriso

presso le curve navi, inutile pondo alla terra » (1).

Ti par forse ch'egli s'impensierisse della morte e del pericolo? — Perchè, Ateniesi, la verità è questa: nel posto, dove uno s'è collocato, stimandolo il migliore, o dove fu collocato da chi comanda, lì, a parer mio, deve persistere e sfidare il pericolo, senza tener conto nè della morte nè di qualunque altra cosa più che del disonore.

XVII. — E sarebbe stata, Ateniesi, una indegna condotta la mia, se dopo d'aver tenuto fermo al pari d'ogni altro e sfidato la morte nel posto che i generali, da voi eletti a comandarmi, mi assegnarono a Potidea, ad Anfípoli e a Delio (2); quando poi il dio mi ordinava, come credetti e stimai, di dover vivere filosofando e scrutinando me stesso e gli altri, allora, vinto dalla paura o della morte o di qualche altro ri- 29 schio, io avessi disertato il mio posto. Questo, sì, sarebbe indegno; e davvero in tal caso s'avrebbe tutto il diritto di deferirmi al tribunale, accusandomi di non creder nell'esistenza degli dei, dal momento che disobbedisco all'oracolo e ho paura della morte e mi reputo sapiente senza esserlo. Giacchè, cittadini, il temere la morte non è che parer sapiente e non essere; poichè è darsi l'aria di sapere quello che non si sa. La morte difatti nessuno sa neppur se non sia per

---

(1) Cfr. *Il.* XVIII, vv. 96, 98, 104.

(2) Sulla condotta di Socrate come soldato cfr. il 'Convito', capp. 85 e 86. Potidea, colonia di Corinto nella penisola di Pallene, per un certo tempo alleata degli Ateniesi, si ribellò nel 432 a. C. e s'arrese soltanto dopo un assedio di due anni. La battaglia d'Anfípoli, una colonia ateniese sullo Strimone in Tracia, avvenne nel 422. Gli Ateniesi sotto il comando di Cleone vennero sconfitti dagli Spartani comandati da Brásida, che al pari di Cleone vi perse la vita. A Delio, città della Beozia, gli Ateniesi furono sconfitti dai Beoti nel 424. In questa battaglia Socrate, si dice, salvò la vita a Senofonte.

l'uomo il maggiore di tutti i beni; e gli uomini la temono quasi sapessero di certo ch'è il maggiore dei mali. E questo come non sarebbe ignoranza, e vergognosa, questo creder di sapere ciò che non si sa? Ed io forse, cittadini, per questo e qui differisco dai più tra gli uomini; e se c'è cosa in cui posso affermare d'esser più sapiente d'un altro, è questa: che non sapendo abbastanza delle cose dell'Ade, così anche non credo di saperle. Invece, l'operare ingiustamente e il disobbedire a chi è meglio di noi, dio o uomo che sia, so che è male ed è turpe. E perciò io, in confronto di quei mali, di cui so che son mali, non temerò mai nè fuggirò quelli che non so se per caso non sieno anche dei beni. Cosicchè, se anche voi ora mi assolvete, disobbedendo ad Anito, il quale asseriva che o non si doveva addirittura trarmi qui, o, dacchè ci sono, non si può non mettermi a morte, dicendovi che, ove mai io scampassi, i vostri figli, portando nella pratica le dottrine di Socrate, saranno tutti e in tutto corrotti... se voi, a ciò, mi diceste: « Socrate, noi non daremo retta ad Anito, ma ti manderemo assolto a condizione però che tu non t'impicci più di simili ricerche e smetta di filosofare; e se ancora ti lasci cogliere sul fatto, morrai »; ebbene, se, come ho detto, mi voleste assolvere a questo patto, io vi risponderei: Ateniesi, io vi voglio un bene dell'anima; però obbedirò piuttosto al dio che a voi; e sino a che avrò respiro e forza, non smetterò di filosofare, d'esortarvi, di esporre il mio pensiero a chiunque sempre tra voi io incontri, dicendogli, come son solito: «O il migliore degli uomini, tu, Ateniese, appartenente alla città più grande e più illustre per sapienza e vigore d'animo e di mente, non arrossisci d'occuparti delle ricchezze come averne quante più puoi, e del credito e degli onori, mentre poi dell'intelligenza, della verità e dell'anima, per far che sia quanto migliore è possibile, non ti curi punto nè ti dai alcun pensiero? ». E ove qualcuno di voi lo contrasti e sostenga d'occuparsene, non lo lascerò per ciò subito nè andrò via, ma lo interrogherò, lo esaminerò, lo convincerò d'errore, e, quando mi sembra

che non possieda la virtù, ma lo affermi, lo rimpro-
vererò, perchè fa pochissima stima di ciò che vale mol- 30
tissimo, e maggiore di ciò che val meno. E questo
farò con chiunque mi capiti, giovane o vecchio, forestiero o concittadino; ma più con voi concittadini,
quanto più mi siete prossimi per nascita. Giacchè
questo, sappiatelo, m'ordina il dio; ed io credo che
voi non abbiate nulla di meglio in città di questa
mia servitù al dio. Difatti la mia unica occupazione
è d'andare attorno, persuadendo giovani e vecchi tra
voi a non darsi cura nè dei corpi nè delle ricchezze
prima, e con tanto ardore, che dell'anima, per far
che sia quanto migliore si può, dicendovi che non
da ricchezza nasce agli uomini virtù, ma da virtù
ricchezza e ogni altro bene, così in privato come
in pubblico. Se, dunque, così dicendo corrompo i giovani, vuol dire che questi discorsi sono dannosi. Ma
se c'è chi afferma ch'io dico altro all'infuori di questo,
non afferma la verità. E però vi direi: Ateniesi, date
o no retta ad Anito, assolvetemi o non m'assolvete;
ma pensate ch'io non muterò contegno nemmeno se
dovessi cento volte morire.

XVIII. — Non fate chiasso, Ateniesi, ma attenetevi a
quello di cui vi pregavo: di non schiamazzare per le
mie parole, ma d'ascoltarmi. E certo, credo, vi gio-
verà d'ascoltarmi, perchè sto per dirvi qualche altra
cosa, contro cui forse leverete la voce. Ma vi racco-
mando di non farlo. Sappiatelo: ove mai voi mettiate
a morte me, che son tale quale vi dico, non farete
male più a me che a voi stessi. A me senza dubbio non
può far male nè Meleto nè Anito; non ne ha nemmeno il modo; poichè non è, penso, conforme a giustizia che uno migliore soffra danno da uno peggiore.
Potrà mettere a morte o mandare in esilio o privare
dei diritti di cittadino. Ma tali cose costui forse e
qualche altro le stimerà dei grandi mali; io no, che
considero assai maggior male quello che fa ora costui,
d'adoperarsi a uccidere ingiustamente un uomo. Sicchè
ora, Ateniesi, io sono ben lontano dal difendermi,

come si può credere, per amor mio; mi difendo per amor vostro, per impedirvi di disconoscere, condannandomi, il dono che in me v'ha fatto il dio. Giacchè, ove mandiate a morte me, non troverete facilmente un altro simile a me, il quale, per quanto sappia di ridicolo il dirlo, sono stato dal dio addirittura applicato alla città, come ad un cavallo grande e generoso, ma per la sua stessa mole alquanto pigro e bisognoso d'esser tenuto desto da una specie di tafano. Ed è proprio così, se non erro, che il dio ha assegnato alla città me, un uomo, cioè, tale che non tralascio di destarvi, di persuadervi, di riprendervi uno per uno l'intero giorno standovi addosso dovunque. Orbene, cittadini, un altro simile non vi nascerà facilmente; ma se mi date retta, mi risparmierete. Eppure chi sa che voi, incolleriti con me, come chi è destato quando sonnecchia, per compiacere ad Anito non mi diate un colpo, e mi uccidiate facilmente per seguitar poi a dormire durante il resto della vita, a meno che il dio non vi mandi qualcun altro che abbia a cuore il vostro bene. Però, ch'io sia tal uomo appunto da esser dato dal dio in dono alla città, lo potreste intendere da questo: che certo non ha sembianza di cosa umana l'avere io trascurato tutti i miei proprî affari e sofferto per tanti anni che gl'interessi di casa mia andassero a male per occuparmi assiduamente dei vostri, accostandomi a ciascun di voi in privato come un padre o un fratello maggiore, cercando di persuader tutti a prendersi cura della virtù. E s'io cogliessi da ciò qualche frutto e mi facessi pagare per queste esortazioni, la mia condotta in qualche modo si spiegherebbe. Ma ora vedete voi stessi come i miei accusatori, che pur m'hanno incolpato così impudentemente di tante altre cose, non sieno potuti giungere a tal segno d'impudenza da presentare qualche testimone che io abbia mai esatto o chiesto un compenso. Io invece della verità delle mie parole vi presento un testimone degno di fede, credo: la povertà.

XIX. — Può forse, intanto, sembrare strano che, mentre in privato vado attorno a dare di codesti consigli e mi prendo delle brighe, pubblicamente poi non oso presentarmi al popolo per consigliare la città. Ma ne è causa quello che voi avete udito tante volte e in tanti luoghi dalla mia bocca: che in me si verifica qualcosa di divino e di demonico; e ad esso Meleto ha in tono derisorio alluso anche nella sua querela. E questo, che s'è manifestato in me sin da fanciullo, è una cotal voce, la quale, allorquando ha luogo, mi dissuade sempre da ciò che sto per fare, ma non mai mi spinge ad agire. Ed è questo che s'oppone alla mia partecipazione alla vita politica. E mi pare che faccia benissimo ad opporsi. Perchè, sappiatelo, Ateniesi, se da un pezzo avessi tentato d'impicciarmi di politica, sarei già morto da un pezzo, senza aver giovato in nulla nè a voi nè a me stesso. E non ve n'abbiate a male, se dico il vero. Non c'è uomo che possa salvarsi, quando s'opponga francamente a voi, come ad ogni altra moltitudine, ed impedisca che si compiano in città tanti atti ingiusti ed illegali; ma è necessario 32 che chi combatte davvero in difesa della giustizia, se vuole esser salvo anche per poco, meni vita privata, non pubblica.

XX. — E ve ne addurrò prove decisive, non parole, ma, ciò che voi apprezzate, fatti. Sentite dunque i casi occorsi a me, perchè intendiate che a nessuno son disposto a cedere contro giustizia per paura della morte, dovessi anche morire per non cedere. Vi parlerò senza riguardi e da causidico, ma vi dirò delle verità. Io, Ateniesi, non ho mai coperto in città nessun'altra magistratura, ma ho fatto parte del Consiglio (1); e la

---

(1) Dei cinquecento. Il compito principale di questo Consiglio era di preparare le risoluzioni da proporre all'Assemblea popolare, e perciò le decisioni di questa si dicevano 'deliberazioni', quelle del Consiglio 'predeliberazioni'. Le dieci tribù, le quali davano al Consiglio ciascuna cinquanta consiglieri, tenevano l'una dopo l'altra, secondo un ordine determinato dalla sorte, la presidenza, la ' pritania ', del Consiglio e dell'Assemblea, per 35 giorni negli

tribù nostra Antióchide si trovò a tenere la pritania, quando quei dieci strateghi, che non avevano raccolti i morti e i caduti in mare nella battaglia navale, voi li voleste giudicare tutti insieme, contro la legge, come più tardi riconosceste tutti. Allora io solo, tra i prítani, v'impedii di violare la legge, e votai contro (1); e sebbene gli oratori fossero lì lì per denunziarmi e farmi arrestare (2) e voi li incoraggiaste con le vostre grida, io credetti di dovere piuttosto con la legge e con la giustizia espormi al pericolo, che per paura del carcere o della morte unirmi a voi, disposti a prendere una ingiusta deliberazione. E questo avveniva, mentre la città si reggeva ancora a popolo. Quando il governo venne alle mani dei pochi, i Trenta,

---

anni ordinarî, per 88 nei bisestili; e i consiglieri in carica si chiamavano 'prítani'. Questi non esercitavano il loro ufficio tutti insieme, ma divisi in decurie, di cui ognuna rimaneva in carica una settimana, e i cui componenti, tra cui giorno per giorno era eletto a sorte un presidente, un 'epístate', prendevano il nome di 'próedri'. Ai prítani, e soprattutto all'epístate, spettava di presentare le proposte alla considerazione e decisione del popolo; ma essi potevano anche ricusarsi di farlo.

(1) La battaglia delle Arginuse — tre isolette presso Lesbo — a cui qui si accenna, fu vinta dagli Ateniesi sugli Spartani nel 406 a. C. I generali vincitori, messi sotto processo, tentarono di giustificarsi asserendo d'essere stati dalla tempesta impediti di compiere tutto il loro dovere; ma il popolo non accolse per buona questa ragione; ed essi furono giudicati e condannati tutti insieme, e non uno per volta, come la legge voleva, e senza che fosse dato a ciascuno di loro il diritto di difendersi convenientemente. Dei dieci strateghi soltanto otto furono sottoposti a processo, perchè uno, Conone, non v'era stato incluso, e un altro era già morto; e di questi otto sei furono giustiziati, e due si salvarono, non essendo tornati ad Atene. Socrate era epístate; e come tale si rifiutò di porre ai voti la proposta, sicchè in quel giorno il popolo non potè pronunziarsi, e la deliberazione fu dovuta rimandare al giorno seguente. Più tardi il popolo si pentì dell'illegalità commessa; gli autori di quella precipitosa deliberazione, sottoposti a giudizio, andarono in esilio, e il loro capo Callísseno finì per darsi la morte.

(2) Gli oratori non avevano alcun diritto derivante da una magistratura, di cui fossero investiti; ma potevano con le loro parole aizzare il popolo e indurlo a quelle decisioni che ritenessero conformi ai loro fini. Gli oratori, a cui qui si accenna erano due, Terámene e Callísseno; e quello che consigliavano contro Socrate era una specie di procedimento sommario per allontanarlo immediatamente da un posto, nel quale egli costituiva un ostacolo ai loro disegni.

daccapo, fattomi chiamare con altri quattro nella Tolo (1), mi comandarono di condur via da Salamina Leone il Salaminio (2) per metterlo a morte. Era uno dei tanti ordini che davano a molti altri, volendo così macchiare dei proprî delitti quanti più potessero. Ed anche allora io non a parole, ma a fatti mostrai di nuovo che della morte — se posso dirlo con una forma volgaruccia — non mi curo un ette, ma di non far nulla d'ingiusto o d'empio; e questo, sì, mi sta davvero a cuore. E però quel governo, per violento che fosse, non mi atterrì punto, da farmi commettere un atto ingiusto; ma poichè fummo fuori della Tolo, i quattro andarono a Salamina e ne menarono via Leone; io me ne andai difilato a casa. E per questo probabilmente non sarei sfuggito alla morte, se quel governo non fosse caduto subito dopo. E tutto ciò verranno ad attestarvelo molti.

XXI. — Or dunque, credete voi ch'io sarei durato tanti anni, se avessi atteso alle faccende pubbliche, e, operando in modo degno d'un uomo dabbene, avessi difeso la giustizia e, come si conviene, messo questo sentimento al disopra di tutto? Eh! ce ne vuole, Ateniesi! Nè ci sarebbe riuscito alcun altro. Ma io, 33 durante tutta la mia vita, così in pubblico, se mai qualcosa vi ho fatto, apparirò tale, e tale anche in privato: uno che non ha mai concesso niente a nessuno contro il giusto, nè ad altri nè ad alcuno di questi che i miei calunniatori chiamano miei discepoli. Io non sono stato mai maestro di nessuno; e se qualcuno desidera d'udirmi, allorchè parlo e attendo ai fatti miei, giovane o vecchio ch'ei sia, io non l'ho mai conteso a nessuno; nè per danaro discorro, e senza,

---

(1) Edifizio circolare con un'apertura sul tetto a cupola e un altare di Estia, attiguo alla sala del Consiglio. In esso durante la democrazia s'adunavano i pritani, che vi prendevano il loro pasto a spese della città.

(2) Ricco e stimato generale, nativo di Salamina, uno dei capi del partito democratico in Atene, che con tanti altri cadde vittima della sanguinaria avidità dei Trenta.

no; ma mi presto egualmente al ricco e al povero perchè m'interroghi, e risponda, se preferisce d'udire ciò che dico io. E ove di questi qualcuno diventi buono o no (1), non è giusto che se ne addossi la causa a me, perchè io a nessun di loro ho mai promesso d'insegnare nè ho mai insegnato nulla. E se c'è chi affermi d'avere appreso o udito da me in privato qualcosa che non tutti gli altri anche, sappiate bene che non dice il vero.

XXII. — Ma, dunque, perchè mai alcuni si compiacciono di passare con me gran parte del loro tempo? L'avete sentito, Ateniesi; io v'ho già detto tutta la verità. Perchè si compiacciono a udire scrutinate persone che si credono sapienti e non sono. È in effetti non è sgradevole. Ora a me questo, com'io affermo, mi fu imposto di farlo dal dio per via non solo d'oracoli e di sogni, ma in ogni altro modo, in cui un fato divino ha mai anche imposto ad un uomo di fare checchessia. E questo, Ateniesi, è vero, e si può facilmente provare. Giacchè certo, ove io dei giovani taluni corrompa e altri ne abbia corrotti, se ce n'è di quelli che, cresciuti negli anni, si sieno accorti d'aver avuto da me nella loro giovinezza dei cattivi consigli, questi dovrebbero ora venire quassù di persona ad accusarmi e vendicarsi; e se non volevano essi, alcuni dei loro parenti, padri, fratelli o congiunti, posto che davvero a taluni dei loro avessi fatto del male, dovrebbero ora ricordarsene e vendicarsi. E sì che ce n'è molti qui presenti che io vedo; e in primo luogo questo qui, Critone, mio coetaneo e compagno di demo, padre di questo Critobulo, e Lisánia lo Sfettio, padre di quest'Éschine, e inoltre quest'Antifonte il Cefisiese, padre di Epígene. Ed eccone altri, i cui fratelli ebbero familiarità con me: Nicóstrato di Teozótide, fra-

---

(1) Qui Socrate risponde indirettamente alle voci calunniose, che davano colpa a lui della condotta, così dannosa alla città, dei suoi amici Critia ed Alcibiade.

tello di Teódoto — e Teódoto è morto, sicchè non potrebbe distogliernelo — e Parálio qui di Demódoco, del quale era fratello Teages, e quest'Adimanto d'Aristone, 34 di cui è fratello questo qui, Platone, ed Eantodoro, di cui è fratello quest'Apollodoro (1). E molti altri potrei citarvi, qualcuno dei quali Meleto avrebbe dovuto soprattutto addurre come testimone nel suo discorso; e se allora se n'è dimenticato, lo presenti ora — gli cedo il posto (2) — e se ne ha, lo dica. Ma, cittadini, troverete proprio il contrario: tutti pronti a venire in soccorso a me, al corruttore, a colui che ha fatto male ai loro congiunti, come affermano Meleto ed Anito. E forse che i corrotti stessi mi vengano in soccorso, può esserci una ragione; ma i non corrotti, uomini già anziani e parenti di quelli, che altra ragione potrebbero avere per venirmi in aiuto, se non quella retta e giusta: la coscienza, cioè, che Meleto mentisce ed io dico la verità?

XXIII. — E concludiamo, o cittadini. Le ragioni che posso addurre a mia discolpa sono suppergiù queste e forse qualche altra dello stesso genere. Può darsi che qualcuno di voi s'indispettisca ricordandosi di se stesso, se, mentre egli, trovatosi a lottare in una lotta men grave di questa mia, pregò e supplicò i

---

(1) Critone è il notissimo amico di Socrate; Critobulo, suo figlio, giovane egregio e di bellissimo aspetto, comparisce spesso in Senofonte come interlocutore di Socrate; Éschine, soprannominato il socratico, fu anch'egli scrittore di dialoghi, ed era tra' più devoti amici del filosofo; Antifonte, del demo di Cefísia, non è da confondere col famoso oratore omonimo, che era di Ramnunte; di Epígene il nome ricorre anche nei 'Memorabili'; Demódoco e suo figlio Teages ci son noti in particolare dal dialogo che porta il nome di quest'ultimo; Adimanto, fratello di Platone, figura anche in altri dialoghi e specie nella 'Repubblica'; Apollodoro, al cui carattere, così facile alla commozione, si accenna nel 'Convito' e nel 'Fedone', era uno dei più caldi discepoli di Socrate; ed infine Nicóstrato, Teódoto, Parálio ed Eantodoro da Platone, se non vado errato, sono ricordati soltanto in questo luogo.

(2) L'accusato poteva, quando lo credeva opportuno, cedere all'accusatore la tribuna e la parola, e quindi anche una parte del tempo di cui egli disponeva per la propria difesa.

giudici con gran pianti, e condusse quassù i proprî figliuoli per destare la maggiore compassione, e molti altri congiunti ed amici; io al contrario non farò nulla di simile; e questo, nonostante ch'io corra, come si può pur credere, l'estremo pericolo. E forse non mancherà chi, ripensandoci, si sentirà mal disposto verso di me; e perciò, vinto dallo sdegno, darà il suo voto con ira. Orbene, se qualcuno è in questa disposizione d'animo — ed io non voglio davvero asserirlo — ma se ci fosse, crederei di tenergli un discorso discreto, dicendogli: Mio ottimo uomo, dei congiunti, dopo tutto, ne ho anch'io, chè è proprio il caso di ricordare il detto di Omero: nè da una quercia nè da una pietra son nato (1), ma da uomini, sicchè ho, Ateniesi, dei parenti e tre figli (2), di cui uno giovanetto e due fanciulli; e tuttavia quassù non ne farò salire nessuno, nè mi varrò della loro presenza per pregarvi di mandarmi assolto. E perchè non farò nulla di ciò? Non per orgoglio, Ateniesi, nè per dispregio di voi — ch'io sia coraggioso o no di fronte alla morte, è un altro discorso... Ma, insomma, quanto alla riputazione, non mi pare bello nè per me nè per voi nè per l'intera città, ch'io faccia nulla di simile, a questa mia età e con questo nome che ho, vero o falso che sia; ma, comunque, è opinione comune che Socrate non è come tanti altri. Se dunque coloro, tra voi, che hanno fama di distinguersi o per sapienza o per fortezza o per qualsiasi altra virtù, si condurranno a questo modo, sarebbe una vergogna. Eppure di siffatti ne ho visti parecchi, i quali, quando incappano in un processo, sebbene godano d'una certa fama, tuttavia fanno cose strabilianti, come persone convinte di passare un gran guaio se dovessero morire, quasi che potessero essere immortali, quando non le mandaste a morte voi. E costoro pare a me che coprano di vergogna la città, così da far supporre a qualcuno, anche tra' forestieri, che i più insigni per virtù tra gli

---

(1) Cfr. *Od.* XIX, v. 168.
(2) Làmprocle, Sofronisco e Menésseno.

Ateniesi, quelli che i concittadini s'eleggono di preferenza alle magistrature e agli altri uffici, non valgano punto più delle donne. Ora, Ateniesi, codesti atti non è decoroso che li facciamo noi, venuti in fama di valere sia pur poco; nè, se li facciamo noi, che li permettiate voi; dovete anzi far intendere questo appunto: che condannerete assai più facilmente chi mette in scena siffatti drammi pietosi e gitta il ridicolo sulla città, che chi conserva la propria calma.

XXIV. — Ma, cittadini, a prescindere dalla reputazione, non mi sembra neppur giusto che uno preghi il giudice e sfugga a una condanna per via di preghiere, bensì, che gli insegni e lo persuada. Giacchè il giudice non siede per sommettere la giustizia al favore, ma per giudicare i casi che gli stanno dinanzi: e ha giurato, non di favorire chi gli sembri, ma di decidere secondo le leggi. E però conviene che nè noi abituiamo voi a spergiurare, nè voi vi ci lasciate abituare, perchè nè noi nè voi opereremmo piamente. Non vogliate dunque pretendere, Ateniesi, ch'io debba ricorrere verso di voi a codesti mezzi, che non credo nè belli nè giusti nè santi, soprattutto poi, per Zeus, accusato, come sono, d'empietà da questo Meleto. Difatti è evidente che, se io vi piegassi e a furia di preghiere vi facessi violenza, a voi legati da un giuramento; v'insegnerei a non credere che ci sieno dei, e nell'atto di difendermi m'accuserei addirittura da me stesso di non credere nell'esistenza degli dei. Invece la verità è ben altra. Io ci credo, Ateniesi, come nessuno dei miei accusatori; e lascio a voi e al dio di giudicare di me, come sarà il meglio per me e per voi.

Dopo il verdetto che lo dichiara reo.

XXV. — Se io, Ateniesi, non mi sdegno di ciò che è avvenuto: che m'abbiate dichiarato colpevole, molte ragioni ci contribuiscono, e, tra le altre, che il fatto non **36** m'è giunto inatteso; ben più anzi mi meraviglio del numero dei voti in un senso e nell'altro. In verità non prevedevo che la differenza sarebbe stata così piccola; me ne aspettavo una assai maggiore. Ora si vede che, se non più di trenta voti si fossero spostati, io sarei andato assolto. A Meleto dunque, mi pare, anche ora gli sono sfuggito; e non solo gli sono sfuggito, ma è evidente che, se non fossero venuti quassù ad accusarmi Anito e Licone, egli sarebbe stato anche multato di mille dracme per non aver raggiunto il quinto dei voti (1).

XXVI. — Costui dunque m'aggiudica la morte. E sia. Ma io, in cambio, Ateniesi, che cosa m'aggiudicherò? Certo, quello che merito? E che dunque? Che pena o multa merito io per ciò che ho creduto di non darmi requie in vita mia, ma, trascurando tutto ciò che preme ai più: guadagno, interessi domestici, comandi militari, successi oratorî, e per dippiù magistrature, conventicole politiche e fazioni cittadine, poichè mi stimavo in realtà troppo scrupoloso per non perdermi, se mi fossi immischiato in codeste faccende, non son mai andato lì dove non potevo esser punto utile nè a voi nè a me stesso; bensì, dove potevo beneficarvi, ciascuno in privato, di quello che, io affermo, è il maggiore dei benefizî, lì sono andato, ingegnandomi di persuadere ognuno di voi a non prendersi cura nè d'alcuna delle cose proprie innanzi che di se medesimo, in maniera da riuscire il migliore e il più saggio possibile, nè delle faccende della città innanzi che della città medesima; e così, per tutto il resto prendersi cura allo stesso modo? Che cosa dunque mi merito io, essendo tale? Una ricompensa, Ateniesi, se devo davvero aggiudicarmi quello che merito, ed anche una ricompensa di tal fatta che si convenga a me. E che cosa mai si conviene ad un uomo povero e benemerito, a cui occorre di vivere sciolto da ogni occupazione unicamente per esortarvi al bene? Non c'è nulla, Ate-

____

(1) Cfr. ' Notizia prelim. ', p. 4.

niesi, che si convenga tanto ad un uomo siffatto, quanto il vitto quotidiano nel Pritaneo a pubbliche spese (1), assai più che non ad uno di voi, il quale abbia vinto nei giuochi olimpici qualche corsa o di cavalli o di bighe o di quadrighe, poichè questi vi fa parer felici, ed io essere; quegli non ha punto bisogno d'alimenti, io ne ho bisogno. Se dunque io devo aggiudicarmi quello che merito secondo giustizia, ecco quello 37 che m'aggiudico: il vitto nel Pritaneo.

XXVII. — Forse vi parrà che, così dicendo, io vi parli anche ora suppergiù come poc'anzi, a proposito dei pianti e delle supplicazioni, mosso da una arrogante ostinatezza. Eppure, Ateniesi, non è così. Il motivo è piuttosto quest'altro. Io son convinto di non aver fatto volontariamente mai torto ad alcuno, ma non riesco a farne persuasi voi, perchè abbiamo discorso poco tempo insieme. Se presso di voi, come presso altri popoli (2), fosse legge che in un giudizio capitale non basti un giorno solo, ma ne occorrano parecchi, voi, credo, ve ne sareste persuasi. Ora però non è facile in breve tempo dissipare delle grandi calunnie. Io, intanto, convinto di non aver fatto mai torto a nessuno, sono ben lontano dal volerne fare a me stesso, dal riconoscere io stesso di me che merito un male, e dall'aggiudicare a me stesso qualcosa di simile. Per paura di che poi? Per non subire quello che m'aggiudica Meleto e che affermo di non sapere se è bene o male? E dovrei in cambio scegliermi una di quelle cose, ch'io so di certo

---

(1) «Quale uno dei cosiddetti παράσιτοι 'parassiti' (vocabolo che (in origine) non includeva alcun significato cattivo), cioè 'compagni di tavola' di certi funzionarî, non degli arconti che prendevano i loro pasti nel Tesmotésio, nè dei pritani, pei quali a questo scopo serviva la Tolos; ma probabilmente di alcuni sacerdoti, che presso il focolare comune nel vecchio Pritaneo, alle pendici meridionali dell'Acropoli, desinavano con gli ambasciatori stranieri e con altri ospiti dello Stato. Questi ospiti erano cittadini, che ottenevano un tale onore o per i loro meriti speciali (come vincitori nei giuochi nazionali) o per riguardo ai loro antenati (come p. e. i discendenti d'Armódio é d'Aristogítone)» (Cron-Uhle).

(2) I Lacedemoni.

essere un male, e aggiudicarmela? Il carcere forse? E che mi giova di vivere in carcere, soggetto come uno schiavo al potere perpetuo degli Undici? (1). Una multa? e rimanere in ceppi fino a che io non l'abbia pagata? Ma per me ciò torna allo stesso, giacchè non ho mezzi da pagarla. M'aggiudicherò l'esilio? È questa una pena a cui forse voi addiverreste. Oh! Ateniesi, dovrei esser posseduto da un assai vivo amore della vita per giungere a tal segno d'irragionevolezza da non rendermi conto che, voi, miei concittadini, non avete potuto tollerare le mie conversazioni e i miei discorsi e li avete trovati così gravi e odiosi da volervene ora liberare; e li sopporteranno poi facilmente gli altri? Eh! ce ne vuole, Ateniesi! E sarebbe davvero una bella vita la mia, vivere a quest'età da esule, passando di città in città, espulso da tutte! Giacchè son certo che, dovunque io vada, i giovani ascolteranno, come qui, la mia parola; e s'io li respingo, essi medesimi indurranno i più vecchi a sbandirmi; e se non li respingo io, mi sbandiranno i padri e i parenti per cagion loro.

XXVIII. — Mi si potrà forse dire: « E non sarai capace Socrate, di viverci, fuori di qui, tacendo e tenendoti tranquillo? ». Ecco il punto più difficile a far intendere a taluni di voi. Giacchè, se dico che questo è disobbedire al dio e che perciò m'è impossibile starmene tranquillo, non mi crederete, come s'io facessi dell'ironia; e se invece dico che per un uomo il maggior bene è anche discorrere ogni giorno della virtù e di quegli altri argomenti, sui quali m'udite discorrere e scrutinare me stesso e gli altri, e che una vita che non dia luogo ad esame non merita d'esser vissuta; questo, se ve lo dico, voi me lo crederete anche meno. Pure è così com'io affermo, cittadini, ma persuaderlo non è facile. E ad un tempo io non sono abituato a stimarmi meritevole d'alcun male. Certo, se avessi mezzi, mi sarei aggiudicata una multa tale da poterla pagare;

____

(1) I magistrati che soprintendevano alle carceri.

in questo non ci vedo per me alcun danno. Ma non
ne ho, se pure non vogliate condannarmi ad una multa
che potessi pagare. E forse potrei pagare una mina
d'argento; di tanto, dunque, mi multo. Platone, qui presente, Ateniesi, e Critone, Critobulo e Apollodoro in-
sistono ch'io mi multi di trenta mine, e si dichiarano
pronti a farne garanzia. Ebbene, io mi multo di tanto;
e del danaro vi saranno garanti costoro, e potete con-
tarci.

Dopo la condanna a morte.

XXIX. — Per guadagnare appena qualche anno, voi,
Ateniesi, avrete nome e colpa da quelli a cui piace
di vituperare la città, d'aver messo a morte Socrate,
un sapiente, perchè mi chiameranno, s'intende, sapiente, anche se non sono, quelli che vorranno farvi
onta. Eppure, se aveste atteso ancora un poco, questo
vi sarebbe accaduto da sè. Voi vedete in effetti che
la mia età è già innanzi nella vita e prossima alla
morte. E ciò dico non a tutti voi, ma a quelli che
m'hanno condannato a morte. E aggiungo per essi
anche questo. Voi forse credete, cittadini, ch'io mi sia
lasciato cogliere per difetto di quei discorsi coi quali
potevo persuadervi, se avessi stimato conveniente di
fare e dire qualsiasi cosa pur di sottrarmi alla condanna. Tutt'altro! Mi son lasciato cogliere per difetto,
è vero, non però di discorsi, ma d'audacia e d'impudenza, e per non volervi parlare a quel modo come
a voi piace soprattutto di udire, lagrimando e gemendo
e dicendo e facendo tante cose indegne, come affermo,
di me, quali, insomma, siete abituati a sentire dagli
altri. Ma nè prima, in previsione del pericolo, ho creduto di dover fare nulla di sconveniente a un uomo
libero, nè ora son pentito d'essermi difeso a questo
modo; anzi preferisco ben più di morire per essermi
difeso così, che di vivere difendendomi a quel modo.
Poichè nè in tribunale nè in guerra non è lecito, nè
a me nè ad altri, di ricorrere a qualunque mezzo per
scampare ad ogni costo alla morte. Difatti è risaputo 39

che anche in battaglia spesso uno può sfuggire alla morte gittando le armi e supplicando chi lo insegue; nè mancano in tutti i pericoli altre vie per cansare la morte, quando uno osi fare e dire qualsiasi cosa. Però io temo, cittadini, che il difficile sia non già schivare la morte, ma assai più difficile sottrarsi alla malvagità, che corre più veloce della morte. Ora io, come lento e vecchio, sono stato raggiunto dalla più lenta delle due; ma i miei accusatori, come gagliardi ed agili, dalla più veloce: l'improbità. Sicchè io ora mi diparto di qui, condannato da voi a morte; costoro, condannati dalla verità all'abiettezza ed all'ingiustizia. Ed io me ne sto alla mia condanna, com'essi alla loro. Così forse bisognava che avvenisse; e ognuno ha avuto, credo, quel che meritava.

XXX. — E ora, o voi che m'avete condannato, voglio predirvi quel che accadrà in seguito. Perchè oramai io sono in quel punto in cui soprattutto gli uomini sogliono vaticinare: sul punto di morire. Io vi dico, cittadini che m'avete ucciso, che su voi subito dopo la mia morte cadrà una pena assai più grave, per Zeus, di quella che avete inflitta a me, uccidendomi. Giacchè voi ora avete fatto così, pensando di liberarvi dal render conto della vostra vita; e invece vi toccherà proprio il contrario, come io affermo. Più numerosi diverranno i vostri censori, che ora io tenevo a freno e voi non ve ne accorgevate; e saranno più aspri, quanto più giovani, e avrete a soffrirne di più. Poichè, se credete che con l'uccidere le persone tratterrete qualcuno dal biasimarvi di non vivere rettamente, v'ingannate. Questa via di liberazione non è nè pratica nè bella; bellissima invece e facilissima quella, non già di chiudere agli altri la bocca, ma apparecchiare se stessi a diventare quanto si può migliori. E fatta questa predizione a voi, che m'avete condannato, prendo congedo da voi.

XXXI. — Con quelli poi, che hanno votato per la mia assoluzione, discorrerei volentieri di questo caso che m'è occorso, mentre i magistrati (1) sono trattenuti dalle formalità necessarie, e per me non è ancora il momento di andare, dove, giunto, m'aspetta la morte. Voi, cittadini, frattanto fermatevi qui meco, dacchè nulla vieta che si chiacchieri un po' tra noi, fino a che ci sarà consentito. A voi, come ad amici, voglio 40 mostrare quel che poc'anzi m'è occorso, che cosa significhi. Perchè a me, o giudici — e chiamandovi giudici sento di darvi il nome che meritate — è avvenuto un caso meraviglioso. Quella mia abituale divinazione, quella della voce demonica, per il passato era sempre assai frequente, e assai s'opponeva anche in piccole cose, quando fossi sul punto di fare alcunchè di non retto. Ora m'è incolto, come vedete anche voi, questo che si può credere ed è ritenuto l'estremo dei mali. Ma quel segno del dio non mi si è opposto nè quando stamani sono uscito di casa, nè quando son venuto quassù in tribunale, nè mentre parlavo mai, qualunque cosa fossi per dire. Eppure, laddove in altri discorsi parecchie volte esso m'ha trattenuto mentre parlavo, ora invece, in questo processo, non si è mai opposto nè ai miei atti nè alle mie parole. Quale può esserne la causa, a parer mio? Ve lo dirò. Può darsi che quel che m'è accaduto sia stato un bene, e non ci sia ragione per supporre d'esser nel vero quanti nella morte vediamo un male. E ne ho avuto una gran prova: non è difatti possibile che quel mio solito segno non mi si sarebbe opposto, ove io non fossi stato per fare qualcosa di buono.

XXXII. — Ma cerchiamo d'intendere anche per quest'altra via, come c'è grande speranza che questo sia un bene. Giacchè il morire non è che l'una di queste due cose: o come il non esser nulla e il non avere il morto nessuna sensazione di nulla; o, a quanto si dice, un

---

(1) Il presidente del tribunale, forse l'arconte re, che doveva stendere la sentenza, e gli Undici che dovevano dare le disposizioni necessarie per tradurre Socrate in carcere.

certo tramutamento e trasmigrazione dell'anima da questo luogo di qui in un altro. Ora, se non è nessuna sensazione, ma come un sonno, quando dormendo non si veda nemmeno alcun sogno, un guadagno meraviglioso sarebbe la morte. Giacchè io credo che se uno dovesse, scelta una tal notte, nella quale si fosse addormentato così da non vedere alcun sogno, e contrapposti ad essa gli altri giorni e notti della propria vita, dovesse, dopo d'averci ben ripensato, dire quanti giorni e notti abbia nella propria vita vissuti meglio e più gradevolmente di quella notte; credo che non solo un privato qualsiasi, ma perfino il gran re (1), troverebbe questi ultimi ben poco numerosi rispetto a tutti gli altri giorni e notti. Se, dunque, tale è la morte, io, per me, la chiamo un guadagno, perchè così tutta la durata del tempo non pare niente più che una notte sola. Se, al contrario, la morte è come una trasmigrazione di qui in un altro luogo, ed è vero quel che si dice: che colà sono tutti i morti; qual bene potrebbe esser maggiore di questo, o giudici? Se in effetti uno, giunto nell'Ade, dopo d'essersi sottratto a questi qui che si spacciano per giudici, troverà quei giudici per davvero, di cui anche è fama che giudichino colà: Minosse, Radamanti, Éaco, Triptólemo (2) e quanti altri de' semidei furon giusti in vita; ebbene, sarebbe questa una trasmigrazione da spregiare? O invece quanto non pagherebbe ognuno di voi per trovarsi insieme con Orfeo, con Museo (3), con Esiodo e con Omero? Quanto a me, io voglio morir molte volte, se questo è vero; giacchè per me in particolare riuscirebbe meravigliosa la conversazione colà, quando m'imbattessi in Palamede, in Aiace

______

(1) Il re di Persia.

(2) Minosse, il leggendario e potente re di Creta, Radamanti, fratello di lui, Éaco, re d'Egina, figli tutti di Zeus, e Triptólemo, eroe attico e fondatore dei misteri eleusini, erano famosi per la loro rettitudine durante la vita; e i primi tre certo, ma forse anche l'ultimo, venerati come giudici del mondo invisibile.

(3) Orfeo e Museo erano ritenuti non solo antichissimi cantori, ma introduttori di nuove forme d'iniziazione.

Telamonio (1) e se c'è altri degli antichi, morto per effetto d'un giudizio ingiusto, e potessi contrapporre i miei casi ai loro; il che, m'immagino, non sarebbe spiacevole. Ma la più viva sodisfazione per me sarebbe passare il tempo esaminando e scrutinando quelli di là, come questi di qui, chi di loro è sapiente, e chi crede d'essere e non è. E quanto non si pagherebbe, giudici, per esaminare colui che condusse il grande esercito a Troia, o Ulisse o Sísifo o tanti e tanti altri uomini e donne, coi quali il ragionare lì e il viverci insieme e l'esaminarli sarebbe il colmo della felicità? Non per questo certamente quei di là mandano a morte; poichè non solo per ogni altro rispetto quei di là son più felici di questi di qui, ma anche per tutta la distesa del tempo immortali, se son vere le cose che si raccontano.

XXXIII. — Ma voi pure, giudici, dovete essere pieni di buona speranza di fronte alla morte e, se altro mai, ritener vero questo: che all'uomo dabbene nulla può toccare di male nè vivo nè morto, e i fatti suoi non sono trascurati dagli dei. E nemmeno quel che m'è occorso ora è l'effetto del caso; ma per me è chiaro che il morir subito e l'esser liberato dalle noie della vita era per me il meglio. Per questo anche il segno non mi distolse in nessun momento; ed io per me non vado gran fatto in collera con quelli che m'hanno condannáto e coi miei accusatori, quantunque non m'abbiano condannato ed accusato con questo proposito, ma pensandosi di farmi del male; e di ciò meritano biasimo. Tuttavia io rivolgo loro questa sola preghiera. I miei figli, quando saranno adulti, vogliate casti-

---

(1) Palamede, figlio di Náuplio, re d'Eubea, uno degli eroi partiti per Troia, secondo la saga postomerica, aveva smascherato Ulisse, che per non prender parte alla spedizione s'era finto pazzo. Per vendicarsene Ulisse lo accusò ingiustamente d'essere un traditore, e lo fece mettere a morte dai Greci. — Aiace Telamonio, il più forte eroe dopo Achille, si uccise, secondo un notissimo racconto, perchè i Greci indotti dalle arti d'Ulisse, attribuirono a costui, e non a lui, le armi d'Achille.

garli, cittadini, procurando loro gli stessi dolori che io ho procurato a voi, se vi parrà che si occupino delle ricchezze o d'altro prima che della virtù; e se vi parrà che credano di valere qualcosa senza valer nulla, rimproverateli, come io ho rimproverato voi, perchè non si curano di ciò che preme e s'illudono d'esser qualcosa, non essendo buoni da nulla. Se così farete, mi sarà da voi reso il giusto, a me stesso ed ai miei figli.

Ma è già l'ora d'andar via, io a morire, voi a vivere. Chi di noi vada incontro ad una sorte migliore, a tutti è ignoto, fuorchè al dio.

SENOFONTE

APOLOGIA DI SOCRATE AI GIUDICI

Di Socrate mi pare che valga la pena di ricordare anche che cosa, poichè fu citato in giudizio, avesse deliberato circa la propria difesa e la fine della vita. Su questo argomento hanno già scritto anche altri; e tutti accennato al discorso altezzoso di lui, il che prova che egli realmente così parlasse. Ma perchè e' stimasse preferibile per sè la morte alla vita, non lo chiarirono; cosicchè il suo contegno orgoglioso sembra alquanto irragionevole. Orbene, Ermógene d'Ipponico era un suo amico (1), e di lui riferì tali cose, da cui si rileva che il suo discorso orgoglioso rispondeva perfettamente al suo pensiero. Difatti Ermógene raccontava che, vedendolo ragionare di tutt'altro fuorchè del processo, gli aveva detto: « Non converrebbe, Socrate, che tu pensassi anche alla tua difesa? ». Al che egli dapprima rispose: « E non ti pare ch'io ci abbia seriamente pensato durante tutta la mia vita? ». E poichè l'altro gli chiese: « E come? », « Vivendo », rispose, « senza far mai nulla d'ingiusto; e questo ritengo che sia il miglior modo di pensare ad una difesa ». E poichè l'altro replicò: « Non

---

(1) Ermógene, uno dei migliori amici di Socrate, che fu anche presente nel carcere quando il maestro bevve la cicuta, era fratello di quel Callia, di cui è parola nell''Apologia' platonica, cap. IV; ma a differenza di lui era poverissimo, perchè non aveva ereditato, pare, nulla delle sostanze paterne.

vedi, quante volte i tribunali ateniesi, fuorviati da un discorso, hanno mandato a morte degl'innocenti, e quante volte, o perchè impietositi dalle parole o perchè vinti da un'abile orazione, hanno assoluto dei colpevoli? », egli rispose: « Ma sì, per Zeus, allorchè due volte mi son messo a pensare alla mia difesa, il segno demonico me lo ha vietato ». E come l'altro osservò: « È strano ciò che mi dici! », egli replicò: « E ti pare strano, se anche il dio trova che per me è meglio morir subito? Non sai che fino a questo momento non concederei a nessuno il vanto d'aver vissuto meglio di me? E, quel che soprattutto mi conforta, ho coscienza d'aver vissuto santamente e giustamente per tutta la vita. Cosicchè, mentre mi compiacevo assai di me stesso, vedevo che anche i miei intimi pensavano altrettanto sul conto mio. Invece ora, se andrò ancora avanti negli anni, come accade alla vecchiaia, finirò necessariamente per vederci peggio, per udirci meno, per essere più refrattario ad apprendere e più facile a dimenticare quello che ho imparato. E se dovessi accorgermi di divenir peggiore e dovessi movere dei rimproveri a me stesso », disse, « come potrei ancora trovar piacere di vivere? Forse », continuò, « anche il dio, nella sua benevolenza per me, procura che la mia vita si chiuda non solo nel momento più opportuno, ma anche nel modo più facile. Giacchè, ove ora io sia condannato, evidentemente m'aspetta quella fine, che è giudicata così la più facile da coloro che s'occupano di ciò, come la meno fastidiosa per gli amici, e quella che lascia il più vivo desiderio del morente. Poichè, quando uno non lascia nel ricordo degli astanti nessuna impressione spiacevole o ripugnante, ma si spegne serbando sano il corpo e l'anima capace di buoni pensieri, come potrebbe costui non esser ricordato con desiderio? E però giustamente gli dei allora mi si mostrarono contrarî alla preparazione del discorso, quando mi pareva di dover cercare ad ogni modo una via di scampo. Se avessi conseguito questo, è chiaro che, invece di uscir di vita tra poco, mi sarei avviato a morire tormentato o dalle malattie o dalla vecchiaia, quando s'è soggetti a tutte le sofferenze e privi di tutte le sodisfazioni. Per Zeus », aggiunse, « questo, Ermógene, non farò niente per ottenerlo; ma se, manifestando chiaramente tutto ciò che di bene, a parer mio, m'è toccato dagli dei e dagli uomini, e l'opinione che io ho di me stesso, dispiacerò a' miei giudici, preferirò di morire piuttosto che vivere ancora in modo indegno d'uomo libero, implorando in luogo della morte il guadagno d'una vita di gran lunga peggiore ». Ermógene raccontava che con questi propositi, quando gli avversarî lo accusarono di non riconoscere gli dei che la città venera e introdurre enti demonici nuovi e corrompere i giovani, egli, presentatosi ai giudici: « Ma, cittadini », disse, « innanzi tutto io mi meraviglio su quali prove fondandosi Meleto dica ch'io non riconosco gli dei che la città venera, poichè e gli altri, che per caso si trovavano presenti, e Meleto stesso, se avesse voluto, potevano vedermi sacrificare nelle feste comuni e sui pubblici altari. E come poi introdurrei degli enti demonici nuovi dicendo che una voce divina mi si manifesta per suggerirmi ciò che convien fare? Poichè quanti si regolano su gridi di uccelli o su voci d'uomini, congetturano certo da suoni. E c'è chi dubiti che i tuoni non abbiano voce o non sieno il maggiore dei presagi? E la Pitia dal tripode non annunzia anch'essa il volere divino mediante la voce? Ma, certo, che il dio conosca il futuro e lo significhi a chi vuole, anche questo, com'io l'affermo, così lo dicono e lo credono tutti. Ma gli altri chiamano augurî e segni e presagi e indovini quelli che preannunziano l'avvenire, io lo chiamo demonico; e col chiamarlo così, credo di parlare in modo più vero e più santo di coloro che attribuiscono agli uccelli la potenza degli dei. E ch'io non menta contro il dio, ho anche questa prova: che, avendo a molti dei miei amici predetto i decreti del dio, non mai s'è trovato che avessi mentito ». E poichè i giudici nell'udire queste parole facevano chiasso, taluni perchè non prestavano fede a ciò che diceva, altri anche per invidia, se anche dagli dei egli godeva maggior favore di loro; Socrate, ⟨a quanto riferiva Ermógene⟩, soggiunse: « Suvvia, udite anche il resto, affinchè chi vuole tra voi neghi anche meglio fede a ciò ch'io sono onorato da esseri divini. Giacchè, quando una volta Cherefonte interrogò su me l'oracolo di Delfi alla presenza di molti, Apollo rispose che non c'era uomo più di me liberale, giusto e saggio ». A udire queste parole i giudici naturalmente strepitarono anche peggio, e Socrate riprese: « Ma, cittadini, cose ben più gravi di quelle dette di me il dio ne' suoi oracoli profferì di Licurgo, il legislatore dei Lacedemoni. Si racconta infatti che al suo entrare nel tempio la Pitia lo salutasse dicendogli: ' Penso se devo chiamarti dio o uomo '. Me invece l'oracolo non mi somigliò ad un dio, ma mi giudicò di molto superiore agli altri. Io però non pretendo che crediate senz'altro al dio, ma che esaminiate una per una le cose dette da lui. Chi conoscete voi meno di me asservito alle passioni del corpo? Chi dotato di più liberi sensi di me, che da nessuno non accetto mai nè doni nè compenso? Chi potreste a ragione stimare più giusto d'uno che s'adatta così bene alle sue condizioni, da non aver bisogno di nessuna delle cose altrui? Come non dire a buon diritto sapiente un uomo, il quale, dacchè ha avuto uso di ragione, non ha mai tralasciato di cercare e d'apprendere ciò che poteva di buono? E ch'io non mi sia affaticato invano, non è forse provato anche da ciò: che molti cittadini, aspiranti alla virtù, e molti forestieri, abbiano preferito ad ogni cosa la mia consuetudine? E quale diremo che sia la causa di questo: che, mentre tutti sanno ch'io non sono in grado di ripagare nessuno, pure molti son pronti a largheggiare con me delle loro sostanze? che, mentre nessuno mi chiede favori, molti riconoscono di dovermi della gratitudine? che durante l'assedio di questa città, mentre gli altri si lamentavano delle difficoltà della vita, io non vivevo in maggiori strettezze di quando la città era nel colmo del benessere? che, mentre gli altri si procurano sul mercato dispendiosi godimenti, io trovo senza spesa nella mia anima delle sodisfazioni maggiori delle loro? Orbene, se in tutto ciò che ho detto di me nessuno può convincermi di menzogna, come non è giusto ch'io sia lodato dagli dei e dagli uomini? Ma, nonostante ciò, tu, Meleto, affermi ch'io con un simile tenore di vita corrompo i giovani? Eppure sappiam bene quali sono le corruttele dei giovani. Ebbene di', se conosci qualcuno che per opera mia sia divenuto da pio empio, da modesto tracotante, da parsimonioso scialacquatore, da temperante ubbriacone, da laborioso infingardo o soggetto a qualche altro dei cattivi piaceri ». — « Ma sì, per Zeus », disse Meleto, « conosco di quelli che tu hai persuasi a dar retta a te piuttosto che ai loro genitori ». — « Ne convengo », rispose Socrate, « in fatto però d'educazione, giacchè essi sanno che di questa io mi sono occupato. Per ciò che concerne la sanità gli uomini danno retta più ai medici che ai genitori; e nelle assemblee gli Ateniesi tutti danno certo retta piuttosto a quelli che dicono le cose più sennate che ai loro parenti. E come strateghi anche, a preferenza dei vostri padri e dei vostri fratelli, e anzi, per Zeus, a preferenza di voi medesimi, non eleggete voi forse coloro che stimate i più competenti nelle cose guerresche? » — « Perchè, Socrate », ribattè Meleto, « così è utile e conforme alle buone norme ». — « E non ti par poi strano questo: », riprese Socrate, « che, mentre in ogni altro campo i più valenti non solo godano d'uguali diritti, ma vengano anche onorati più degli altri; contro di me invece, perchè da alcuni son tenuto per il più competente nel massimo bene che esiste per gli uomini: l'educazione, tu creda per questo di poter promovere un giudizio capitale? ».

È noto che queste cose e altre furon dette da lui e dagli amici che lo coadiuvarono nella difesa. Ma io non mi son proposto di riferire tutto ciò che emerse dal processo; a me è bastato porre in chiaro che Socrate più di tutto teneva a non aver commesso empietà verso gli dei nè essersi mostrato ingiusto verso gli uomini. Per evitare la morte non credeva di dover ricorrere alle supplicazioni, ma riteneva che per sè fosse anche giunto il momento di morire. E che tale fosse la sua convinzione, apparve più manifesto dopo la dichiarazione di reità. Giacchè in primo luogo, invitato ad assegnarsi una pena minore, nè lo fece lui, nè permise agli amici di farlo, ma disse per dippiù che l'assegnarsi una pena era di chi ammetteva d'aver commesso ingiustizie. Poi, volendo gli amici farlo evadere, non vi aderì, anzi parve che li canzonasse, domandando loro, se mai conoscessero qualche luogo fuori dell'Attica, dove non avesse accesso la morte.

Com'ebbe fine il processo, disse: « Ma, cittadini, quelli che han fatto intendere ai testimoni di dovere, spergiurando, deporre il falso contro di me e quelli che si son lasciati persuadere, non possono non esser pienamente conscî della propria empietà ed ingiustizia. Quanto a me, perchè dovrei sentire più bassamente di me ora, anzichè prima d'esser condannato, dal momento che non s'è potuto per nulla provare che avessi commesso qualcuna delle colpe di cui mi si è accusato? Di me non s'è dimostrato che, invece che a Zeus, ad Era e alle divinità loro compagne, io avessi o sacrificato a nuovi demoni o giurato o venerato altri numi. E i giovani come potrei corromperli, se ho cercato d'abituarli alla continenza ed alla frugalità? Quanto a quei delitti, ai quali è assegnata la pena di morte: il sacrilegio, il furto con effrazione, l'appropriazione d'un uomo libero, il tradimento della città; di questi neppure gli avversarî dicono ch'io ne abbia commesso qualcuno, sicchè mi pare enorme come vi sia potuto sembrare ch'io abbia fatto cosa meritevole di morte. Ma neanche perchè muoio ingiustamente, neanche per questo devo avere una più bassa opinione di me. Non per me questo è vergognoso, ma per quelli che m'hanno condannato. E mi conforta inoltre anche Palamede (1), che morì suppergiù come me, perchè tuttora egli offre materia di bei canti assai più d'Ulisse che lo fece morire ingiustamente. Io so che anche a me sarà fatta testimonianza, dal futuro come dal passato, che non ho mai fatto male a nessuno, nè ho reso nessuno più malvagio; ma ho fatto del bene a quelli che conversavano meco, insegnando gratuitamente loro ciò che potevo di bene ». E detto questo, in perfetta coerenza con le sue parole si allontanò lieto nello sguardo, nel contegno e nell'incesso. E come s'avvide che quelli che lo accompagnavano piangevano: « Che significa codesto? », disse. « O già piangete? Non sapete da un pezzo che, fin dal giorno della mia nascita, dalla natura fui condannato a morte? Certo, se morissi immaturamente, mentre affluiscono in me i beni, sarebbe cosa dolorosa per me e per quelli che mi vogliono bene; ma se mi disciolgo dalla vita, allorchè non posso attendermi che tristezze, per conto mio penso che tutti dovreste esserne lieti, come d'una buona fortuna per me ». Trovandosi presente un certo Apollodoro (2), persona oltremodo affezionata a lui, ma del resto semplice, gli disse: « Ma, Socrate, quello a cui soprattutto io non so rassegnarmi, è vedere che vai a morte ingiustamente ». Ed egli, accarezzandogli il capo, a quanto si racconta, gli rispose, sorridendo: « E tu, carissimo Apollodoro, avresti preferito di vedermi morire piuttosto giustamente che ingiustamente? ». Si narra pure che, avendo visto passarsi daccanto anche Ànito: « Ma quest'uomo », disse, « va fiero, come se avesse fatto una gran bella cosa col mandarmi a morte, perchè, vedendolo tenuto meritevole dei maggiori onori dalla città, dissi che non era conveniente ch'egli educasse il figlio nel mestiere

---

(1) Su Palamede cfr. l''Apologia' platonica, p. 58, n. 1.
(2) Su costui cfr. la cit. 'Apologia', p. 48, n. 1.

di cuoiaio (1). Che miserabile », esclamò, « è costui, il quale par che non sappia che chi di noi due ha fatto cose più utili e più belle per tutta la durata del tempo, è pur quello che riporterà la palma! Ma certo, dacchè », avrebbe soggiunto, « anche Omero ha attribuito a taluni nel dissolvimento della vita il dono di prevedere il futuro; voglio io pure fare un vaticinio. Ebbi una volta occasione di trattenermi un po' col figliuolo d'Ànito, e mi parve d'un animo non privo di vigore; e però affermo ch'egli non rimarrà a lungo nell'occupazione servile, a cui il padre lo ha avviato. E poichè non c'è alcuno che ne abbia cura sul serio, cadrà in qualche passione turpe, e andrà lontano sulla via del vizio ». E in questa predizione non s'ingannò. Il giovanetto, datosi al bere, non se ne asteneva nè notte nè giorno, sicchè finì per divenire indegno della città, degli amici e di se stesso. E così, Ànito per la cattiva educazione del figlio e per la propria ignoranza, anche ora dopo morto, è in mala voce; Socrate, per aver parlato alteramente di sè in tribunale, s'attirò il malanimo dei giudici e si fece condannare. Ebbene, a parer mio, la sorte di lui fu cara agli dei, giacchè rinunziò alla parte più dura della vita e incontrò la più facile delle morti. E diè prova della sua forza d'animo. Poichè, convinto che per lui fosse meglio morire che seguitare a vivere, come non fu mai restio ad alcuna forma di bene, così non si mostrò debole nemmeno di fronte alla morte, ma l'accolse e la sostenne con animo lieto. E però io, ripensando alla sapienza e alla generosità dell'uomo, nè posso non ricordarmi di lui, nè, ricordandomene, non farne le lodi. E se qualcuno di quelli che aspirano alla virtù ebbe familiarità con persona più giovevole di Socrate, io lo ritengo l'uomo più degno d'esser detto oltremodo beato.

---

(1) Non si dimentichi che Ànito era appunto un ricco commerciante in cuoiame.

9 791280 625830